"Paulo Alvarenga sempre foi um grande modelo de excelente profissional para mim. Ele é um dos principais responsáveis pela construção da minha carreira e serei eternamente grato por isso. Um profissional com uma bagagem incrível e, acima de tudo, com um coração gigante para colocar em prática sua missão e transformar a vida de quem tem a oportunidade de conviver com ele!"
Alexandre Slivnik
PALESTRANTE E ESCRITOR

"P.A. com certeza é uma das pessoas que vieram ao mundo para fazer a diferença na vida dos outros, e eu fui um dos privilegiados que tiveram a honra de cruzar seu caminho. Conheci o P.A. em um treinamento de desenvolvimento de líderes, que fiz porque estava em busca de ferramentas que me auxiliassem no dia a dia, mas ganhei muito mais do que isso. Tive ali o exemplo da pessoa que eu gostaria de me tornar. Sua disposição era contagiante, e sua capacidade de compartilhar o conhecimento transformou a vida de muitas pessoas que trabalhavam comigo, inclusive a minha. Coloquei muita coisa em prática, e os ganhos foram notórios no que se refere à vida profissional e pessoal: tive uma grande ascensão na minha carreira, fui de analista à executivo da empresa em que trabalho em apenas três anos, e na vida pessoal me considero uma pessoa muito melhor, mais tolerante, que aproveita mais a vida. Meu desejo agora é desenvolver a capacidade de ser referência e poder compartilhar com as pessoas que me rodeiam o conhecimento adquirido, assim como faz o P.A."
Lawrence Mata
GERENTE EXECUTIVO DA UOLDIVEO

"Conheci P.A. há aproximadamente dez anos, e nosso relacionamento profissional se mantém e se intensifica à medida que meus desafios profissionais aumentam, pois em todas as empresas por onde passei durante esse período sempre o escolhi como meu parceiro estratégico. P.A. sempre foi um profissional diferenciado, arrojado, buscando e trazendo muita criatividade no conteúdo e na forma de transmiti-lo. Ele consegue estabelecer e manter relacionamentos de confiança com todos, e os trabalhos que desenvolvemos juntos sempre tiveram um impacto e resultados consistentes, além de grande credibilidade interna.

Para mim, particularmente, P.A. sempre contribuiu para alavancar minha performance como head de RH, pois atua como meu coach e me estimula a fazer e pensar diferente. Um profissional completo, humano, sensível e ao mesmo tempo assertivo. Eu o quero ao meu lado como parceiro de negócios e, acima de tudo, como um amigo querido e especial."

Adriana Massari
DIRETORA DE RH DA WUNDERMAN BRASIL

"Parceria genuína e provocação transformadora: essas são grandes marcas do P.A.! Em todas as nossas interações, ele sempre surpreende, instiga, desafia e apoia. Seu olhar amplo traz novas perspectivas e possibilidades, ajudando a desvendar caminhos existentes dentro de nós, muitas vezes adormecidos... Saio de seus treinamentos sempre com o sentimento de profunda verdade em seu propósito de contribuir com a transformação das organizações e do mundo, através da evolução das pessoas/líderes. Trabalhar com ele é EXTRAORDINÁRIO, e ele garante o alcance de resultados diferenciados!"

Andrea Clemente
VICE-PRESIDENTE DE RH DA WHIRLPOOL CORPORATION

"Conheci P.A. no treinamento Líder do Futuro. Caí lá de paraquedas, indicado pela gerente de RH da empresa. Queria apenas um curso num hotel gostoso para esfriar a cabeça. Então tive a feliz surpresa de conhecer o P.A. e toda a equipe da Crescimentum. Eu estava em um momento de sucesso profissional, mas me sentia triste. No curso, fui provocado a fazer um mergulho profundo na essência do meu ser. Entendi melhor o que me motivava, qual era minha missão e também o que me desmotivava.

Ao sair do curso, P.A. percebeu que eu estava ávido por mudanças e precisando de ajuda. Foi quando ele sugeriu que corrêssemos no parque de vez em quando, para exercitar e pensar na vida. E assim minhas sessões de coaching começaram, em alta velocidade, às 6h30 da manhã ao redor de um lago.

A transformação foi bárbara. Hoje me sinto mais seguro, consciente de cada passo que dou, dono das minhas ações. Foi um verdadeiro trabalho de expansão de consciência, que foi ampliado para toda a empresa. Se eu estava mudando como CEO da Car Park, a empresa também mudaria.

P.A. me ajudou a viabilizar o treinamento Líder do Futuro para mais de 100 profissionais da empresa, assim como outros cursos, como team building, coaching de equipe e coaching individual. O resultado disso foi um crescimento na casa dos 40%. E, mais importante do que isso, é fazer parte de uma empresa em que os profissionais acordam motivados e felizes para ir trabalhar, buscando superação constante e entendendo que cada problema é um professor nosso, e que esse problema será a chave do nosso aprendizado e do nosso crescimento."

Paulo Henrique Coelho da Fonseca Machado
CEO DA CAR PARK

"Como conheci o Paulo Alvarenga? Eu trabalhava em Americana, na VIVAX, uma empresa de TV a cabo e internet, e tínhamos um programa interno de universidade corporativa (a UNIVIVAX), que consistia em dividir o conhecimento interno de alguns profissionais com os demais colaboradores da empresa. Por isso, era muito difícil contratarmos profissionais de desenvolvimento no mercado. Foi quando o P.A. entrou em contato conosco, e eu não queria atendê-lo de forma alguma, porque não tínhamos orçamento e não queria investir meu tempo e o dele em algo que não teria sequência.

Ele insistiu e acabou conversando com minha analista de treinamento, responsável pela UNIVIVAX. Ela me ligou e pediu que eu o conhecesse. Fui contrariado, mas, após algumas horas de conversa, identificamos uma grande oportunidade para ambos, já que ele gostaria de prospectar o mercado do interior paulista (e nós tínhamos um canal de TV que poderia ajudá-lo muito nessa divulgação) e nós queríamos muito desenvolver toda a nossa liderança. Foi o ponto de equilíbrio e a combustão para formarmos uma parceria que já dura 15 anos, e que a cada dia se fortalece mais.

P.A., com todo o seu entusiasmo e carisma, bem como seu conhecimento sobre as pessoas, buscando sempre a alta performance, tem contribuído muito para o desenvolvimento de nossa equipe, seja *indoor* ou através de treinamentos *outdoor*, com experiências fantásticas. Ele continua realizando em minha empresa atual o trabalho de que mais gosta, mantendo um alto grau de performance em seus treinamentos.

Conhecer o P.A. foi um divisor de águas em minha vida, porque, além de ganhar um amigo, eu encontrei alguém que me ajudou a desenvolver minha liderança e a melhorar minha performance junto às minhas equipes."

Carlos Salla
GERENTE CORPORATIVO DE RECURSOS HUMANOS DA EUCATEX

"Primeiramente, digo que é uma honra enorme receber o convite para fazer um *endorsement* do primeiro livro de meu 'mestre' P.A. Eu o conheci em 2005, em um programa de certificação em coaching (quando o tema ainda não estava na moda). A partir dessa data, começou uma grande parceria e amizade, pautada pela admiração mútua.

Naquele momento, eu era um jovem empreendedor em transição de carreira, iniciando meu caminho na área do treinamento e desenvolvimento, enquanto o P.A. já tinha anos de estrada nesse propósito. Posso afirmar que ele exerceu grande influência em minha trajetória. Merecem destaque sua capacidade em tocar as pessoas pela comunicação e a impressionante versatilidade em aceitar desafios.

Tivemos a oportunidade de vivenciar, juntos, projetos absolutamente inusitados, inovadores e ousados na Amazônia. Sou testemunha também de seus piores momentos: de suas rupturas pessoais e profissionais e de como conseguiu virar o jogo, sempre com congruência de valores. Agradeço muito a confiança por ter me deixado participar desses momentos como amigo, ouvinte e parceiro.

O P.A. é o tipo de profissional que procura vivenciar o que prega. Tem claramente uma agenda pautada em cinco dimensões: física, mental, emocional, espiritual e financeira. É também meu mais novo parceiro nas *kitetrips*, quando temos a oportunidade de colocar o papo em dia, limpar o lixo mental e fazer reflexões mais profundas sobre nossa vida e nossos negócios.

Por fim, tenho a dizer que o assunto 'performance' é tratado pelo P.A. não como fim, fazendo um paralelo com as máquinas que buscam resultados a qualquer preço, mas como meio, visando uma vida mais feliz e um mundo melhor."

Fábio Guarnieri
CEO DA OBS

"Adquiri conhecimento técnico com meus professores, nas melhores escolas. Desenvolvi consciência corporal com meus treinadores e mestres nos diferentes esportes que pratico. Mas liderar e gerir gente eu achava que só se aprendia na prática, errando e corrigindo. O P.A. e a Crescimentum foram a minha primeira escola de autoconhecimento, liderança e gestão. Com o P.A. como meu coach, entendi que a gente pode aprender a ser líder e gestor. Obrigado."

Mauricio Cascão
CEO DA MANDIC

"Apesar dos meus vários anos de estudo e formação médica, foi acompanhando o trabalho do P.A. que pude vivenciar a potencialização da ferramenta mais poderosa de qualquer política de saúde pública. Como médica especialista em qualidade de vida e promoção de saúde, vejo-o implantar nas pessoas de forma extraordinária o senso de autorresponsabilidade, essencial para o desenvolvimento, a manutenção da saúde e a reabilitação de doenças. Viver a experiência do processo de construção dessa responsabilização e o impacto disso dentro do consultório é uma escola para qualquer médico verdadeiramente comprometido em proporcionar bem-estar."

Karen Pachon
MÉDICA ESPECIALISTA EM MEDICINA DO ESPORTE E DIRETORA
DA SOCIEDADE PAULISTA DE MEDICINA DESPORTIVA

#ATITUDE QUE TE MOVE

PAULO ALVARENGA [P.A.]

#ATITUDE QUE TE MOVE

DESCUBRA SEU PROPÓSITO, SUPERE SEUS MEDOS E TRANSFORME SUA VIDA

Benvirá

Copyright © Paulo Alvarenga, 2018

Preparação Lorena Vicini
Revisão Vivian Miwa Matsushita
Capa Estúdio Grifo
Imagem de capa solarseven/Shutterstock.com
Foto do autor na quarta capa Douglas Eiji Matsunaga
Diagramação Caio Cardoso
Impressão e acabamento Bartira Gráfica

Dados Internacionais de Catalogação na Publicação (CIP)
Angélica Ilacqua CRB-8/7057

Alvarenga, Paulo
   #Atitude que te move : descubra seu propósito, supere seus medos e transforme sua vida / Paulo Alvarenga (P.A.). – São Paulo : Benvirá, 2018.
   232 p.

ISBN 978-85-5717-285-2

1. Negócios 2. Sucesso nos negócios 3. Autorrealização 4. Mudança de hábitos. I. Título

	CDD 650.1
18-1686	CDU 65.011.4

Índices para catálogo sistemático:
1. Desenvolvimento profissional : Negócios

1ª edição, outubro de 2018 | 2ª tiragem, janeiro de 2019

Nenhuma parte desta publicação poderá ser reproduzida por qualquer meio ou forma sem a prévia autorização da Saraiva Educação. A violação dos direitos autorais é crime estabelecido na lei nº 9.610/98 e punido pelo artigo 184 do Código Penal.

Todos os direitos reservados à Benvirá, um selo da Saraiva Educação, parte do grupo Somos Educação.
Av. das Nações Unidas, 7221, 1º Andar, Setor B
Pinheiros – São Paulo – SP – CEP: 05425-902

SAC
0800-0117875
De 2ª a 6ª, das 8h às 18h
www.editorasaraiva.com.br/contato

CÓDIGO DE OBRA 642389   CL 670852   CAE 630122

"As palavras formam os fios com os quais tecemos nossas experiências."

Aldous Huxley

AGRADECIMENTOS

Em primeiro lugar, agradeço a Deus pela minha vida, por todos os desafios, perdas e conquistas, e por todos os acontecimentos e pessoas que passaram pelo meu caminho.

Existe uma longa lista de gente a agradecer. Tive muitos professores, inclusive aqueles que de alguma forma me ajudaram a travar batalhas desafiadoras nas relações pessoais e profissionais. Aprendi muito com todos e sou grato.

Não tem como não começar falando de duas pessoas que me marcaram e me marcam muito até hoje: Arthur Diniz, meu sócio, compadre, amigo e parceiro de uma jornada rumo a nossa missão de fazer um mundo melhor, transformando pessoas em líderes extraordinários (você vai conhecê-lo melhor no decorrer deste livro e entender a importância dele em minha vida) e Daniele Amatti, que me conhece desde os primeiros treinamentos que ministrei e está ao meu lado até hoje. Eu vi essa mulher se desenvolver absurdamente, se tornando a melhor treinadora comportamental que já vi.

Agradeço também a meus sócios, amigos e parceiros nessa missão: Priscilla Flecha, Renato Curi, Jonas Duarte, Marco Fabossi e Guilherme Marback. A todo o time da Crescimentum, pois sem ele seria difícil viver meu propósito, em especial a Fernanda Okura (Puca), que me ajudou a criar o programa APP – Alta Performance Pessoal, que é este livro na prática. A todos os meus grandes amigos: Alexandre

Slivnik, Alexandre Tagawa, Fabio Guarnieri, Paulo Henrique, Rafael Yoshioka, Cristiano Brasil e Mauricio Cascão. A meus sócios na minha academia Born to Crossfit: Rubens, Paulinho, Renata Kimura, Paulinha e Welington Dread.

Agradeço à Opening Comunicação, liderada pela Luciana Estrellado, uma amiga e parceira que realiza meu evento APP.

A todos os meus clientes e participantes de meus treinamentos e sessões de coaching, como Adriana Massari, Sabrina Scanapieco, Andrea Clemente, Lawrence Mata, Carlos Sala, Vitório e muitos outros milhares. Tive a honra de contribuir de forma direta e indireta com a vida pessoal e profissional de todos eles.

À Dra. Karen Pachon e à Fabiola Fernandes, que cuidam da minha performance física.

Ao Osmar Ludovico, um dos meus mentores espirituais, e ao Zezito Duarte, grande amigo que me traz muitos ensinamentos ancestrais.

Ao meu amigo Renato Jun, que me apresentou a Somos Educação e a Benvirá. Às excelentes editoras que trabalharam em meu livro: Débora, Tatiana, Lorena e toda a equipe editorial.

À minha amiga jornalista Cinthia Dalpino, que me ajudou a escrever todas as linhas deste livro, uma profissional brilhante.

À família Cunha, que sempre me acolheu e me gera aprendizados, em especial ao meu sogro Manoel, pelas suas histórias de empresário brasileiro de sucesso – inclusive eu comento uma de suas histórias inspiradoras no livro.

Ao meu pai, que estaria orgulhoso neste momento, mas sei que está feliz onde estiver. À minha mãe Pureza, que me ensinou a ser aventureiro. Ao meu irmão Ricardo, que sempre cuidou de mim. E à minha irmãzinha caçula, Simone.

Um agradecimento muito especial a eles, que representam a minha missão de ser o melhor pai do mundo, e sem os quais nada disso seria possível: Paulo Eloy, Enrico e Lara.

E à minha amada esposa Erica, parceria para toda a vida, que a cada dia se torna mais importante para eu viver minha missão, estando ao meu lado, me inspirando e me incentivando rumo ao meu ikigai. Ela me ensina a ensinar sobre as relações íntimas todos os dias.

SUMÁRIO

Prefácio, 17

Introdução, 19

Parte I | COMPROMISSO COM O DESENVOLVIMENTO, 23

1 | Preto, o aventureiro, 25

2 | A força dos super-heróis, 33

3 | O grande motivo, 39

Parte II | AMPLIANDO A CONSCIÊNCIA, 55

4 | A pirâmide da nossa vida, 57

5 | Quanto pesa seu saco de cimento?, 77

6 | Linha do tempo da vida, 85

7 | Contando uma nova história, 89

8 | As sete flechas, 107

Parte III | GPS DA VIDA, 113

9 | Qual é o seu ikigai?, 115

10 | Valores e os sete níveis de consciência, 125

Parte IV | TRANSFORMAÇÃO ESSENCIAL – MAPEANDO AS CRENÇAS LIMITANTES, 139

11 | Inventário pessoal, 141

12 | Encarando a verdade, 163

Parte V | TRANSFORMAÇÃO ESSENCIAL – REPROGRAMANDO AS CRENÇAS, 177

13 | Detectando os gatilhos, 179

14 | Rituais: a cereja do bolo, 191

Parte VI | VISÃO DE FUTURO INSPIRADORA, 201

15 | O que você quer ser quando crescer?, 203

16 | A mecânica do entusiasmo, 209

Final, 221

Capítulo bônus, 229

PREFÁCIO

O livro *#Atitude que te move* é uma viagem maravilhosa pelos caminhos do autodesenvolvimento através da vida do autor, Paulo Alvarenga, mais conhecido como P.A. Conta a história de um empreendedor sedentário, com sobrepeso e literalmente "quebrado" que se transformou num empresário de sucesso, atleta de alta performance e personalidade de grande influência em nosso país.

Fiquei maravilhado ao ver como o livro contém ao mesmo tempo uma história pessoal de sucesso e todo um embasamento teórico por trás. Eu lia os capítulos sem parar porque queria muito saber qual era o próximo acontecimento na vida do autor, mas também porque me sentia estimulado a refletir sobre os aprendizados de cada etapa. Ferramentas e conceitos como "linha do tempo", "níveis neurológicos" e "zona de conforto" estão descritos de forma simples e são sempre exemplificados com a experiência pessoal de P.A.

Eu me sinto privilegiado em, de algum modo, fazer parte dessa história encantadora: afinal, nos conhecemos em 2001 e seis anos depois nos tornamos sócios. Aprendi e aprendo com ele todos os dias, e espero continuar ao seu lado por outros tantos anos.

A obra contém seis partes muito bem estruturadas, cada uma trazendo reflexões essenciais para a vida de todas as pessoas. Na Parte I, aprendemos o primeiro grande passo de qualquer mudança: o compromisso com um propósito e com o desenvolvimento. Na Parte II, P.A. nos ensina a utilizar o conceito dos níveis neurológicos para atingir mudanças sustentáveis em todos os aspectos da vida. A congruência dessa ferramenta com as últimas descobertas da neurociência nos mostra quão bem embasado está o livro. Também nessa parte é abordada a importância do equilíbrio dos cinco diferentes tipos de energia para uma performance extraordinária. Na Parte III, vejo um conceito que mudou também a minha vida: o ikigai. Entender e buscar seu ikigai pode ser uma jornada completa de transformação. As partes IV e V permitem que todo o aprendizado se converta em reflexão e mudança, com *assessments* simples e significativos. A Parte VI proporciona uma viagem ao futuro como forma de desenho do sucesso.

No livro, P.A. nos passa, de forma brilhante, a seguinte mensagem:

> No processo de desenvolvimento pelo qual passamos, a vida – por proteção ou por não saber quem de fato somos – deposita essas camadas sobre a gente. Mas, quando expandimos a consciência, vamos retirando essas camadas – e revelando o brilho que temos por dentro.
>
> Todos vão passar por essa expansão da consciência. Em alguns momentos, haverá sombras, porque sem elas não conseguiríamos perceber a luz. Devemos acolher as sombras ao invés de criar camadas e camadas para esconder nosso brilho.
>
> Quantos de nós não vamos perdendo o brilho ao longo da vida?

Tenho certeza de que a leitura deste livro vai transformar a vida de muitas pessoas, assim como o P.A. já vem fazendo através de seus treinamentos e principalmente de seu exemplo.

Arthur Diniz
SÓCIO-FUNDADOR E CEO DA CRESCIMENTUM

INTRODUÇÃO

Dizem que, quando corremos uma maratona, nossa temperatura corporal dispara e pode chegar aos 39 °C, como se estivesse em estado febril. O coração sente uma dificuldade colossal de bombear o sangue pelo organismo e manter o fluxo constante até os músculos.

O corpo sente um incrível desgaste e, sem que você possa controlar a dor, parece ter passado por um moedor de carne. E, quando o corredor queima todo seu estoque de glicose, encontra o ponto que o impede de prosseguir, também conhecido como a famosa "parede".

Era minha primeira grande maratona. Eu jamais tinha ouvido falar daquele termo e nem sequer cogitava desistir. Eu era um apaixonado por corridas.

Tinha topado o desafio de correr 63 quilômetros num final de semana – uma meia maratona no sábado (21 quilômetros) e uma maratona no domingo (42 quilômetros) –, e não imaginava que em dado momento me sentiria diante de tal ponto de esgotamento que teria de correr praticamente curvado. Pois é, eu havia encontrado a tal "parede".

Com o aumento de lactato nos músculos, meus pés pareciam amortecidos a cada passo, e as câimbras ficavam mais e mais frequentes.

A parte boa disso tudo é que, quando você chega nesse ponto, entre a dor inconcebível e a vontade de desistir, é a mente quem manda. Nesse momento, todo atleta se sente como se estivesse correndo com o tanque absolutamente vazio. O cérebro, que só opera com glicose, faz com que o sujeito perca o foco, e é justo nesse ponto que precisamos resgatar o que for necessário para conseguir chegar ao final.

Naquele dia, durante os desafios que enfrentava ao longo da maratona, revi mentalmente toda a minha trajetória de vida. E consegui identificar claramente o momento em que eu mesmo tinha pensado em desistir.

Eu me vi em prantos sentado numa cadeira. Estava sem dinheiro, depois de uma ascensão profissional meteórica. Meu casamento chegava ao fim após 15 anos e eu estava 22 quilos acima do peso por causa de uma vida desregrada. E me sentia sem fé, depois de tanto pregar por propósito.

Foi então que, durante a maratona, eu resgatei aquela força. A força que eu tinha encontrado para prosseguir na vida, quando tudo me levava a querer parar. A força responsável por ter guiado aquele homem – que pensara em desistir, derrubado pelas adversidades – ao ápice da carreira profissional, em excelentes condições físicas, casado com a mulher de sua vida e absolutamente confiante.

Entendi finalmente o que me tornaria invencível diante de qualquer parede que a vida colocasse em meu percurso.

Antes que eu desse um arranque, para continuar a corrida com a mesma disposição de quem acabava de começar, levantei a cabeça. Como num sinal divino, passou um corredor que disse "go, go, go" (que significa "vai, vai, vai" em inglês) e, quando olhei para ele, em sua camiseta estava escrito: "For my Dad" ("Para meu pai").

Olhei para o céu, agradecendo e relembrando a recente partida do meu próprio pai, e esqueci da dor. Corri os últimos quilômetros convicto de que tudo o que era preciso era compartilhar o que eu havia vivido – organizando meu aprendizado desde o começo de minha trajetória – para inspirar outras pessoas a não desistirem.

Foi justamente quando me veio a ideia de escrever um livro que cruzei a linha de chegada.

Em êxtase, virei aquela página.

Renasci.

***

Neste livro, você encontrará todas as lições que eu, enquanto coach, procuro fornecer a meus milhares de clientes e alunos, tomando como base minha trajetória pessoal e minha carreira de mais de 17 anos, atuando hoje na Crescimentum – A evolução da liderança, empresa de desenvolvimento de líderes, cultura e coaching, da qual sou sócio-fundador. Além disso, terá acesso a muitos testes e exercícios que vão ajudá-lo a descobrir os principais entraves que o impedem de atingir uma alta performance. A ideia do livro é permitir que você, leitor, tenha mais autoconhecimento e promova uma grande transformação em sua vida – e para melhor.

Na Parte I, abordo um pouco de minha trajetória pessoal e conto como, com bastante foco e energia, superei uma série de obstáculos e desafios antes de finalmente encontrar minha missão e meu propósito. Nas partes II e III, apresento uma série de conceitos e ideias que podem ajudá-lo a ampliar sua consciência sobre si mesmo. Falo de níveis neurológicos, de linha do tempo da vida, dos cinco tipos de energia e das sete flechas que lançamos em nossa vida.

As partes IV e V são mais práticas e têm como objetivo promover uma transformação essencial e verdadeira em sua vida. Abordamos assuntos como as crenças limitantes, as historinhas que contamos a nós mesmos, os gatilhos que desencadeiam estados emocionais e os rituais que podemos criar em nosso dia a dia e que podem nos auxiliar a nos desenvolver.

Por fim, na Parte VI, eu o instigo a definir qual é a sua visão de futuro. Se você souber exatamente aonde quer chegar e visualizar esse destino com frequência, certamente conseguirá o que almeja.

Espero, de verdade, que este livro contribua de alguma forma para uma grande e significativa mudança em sua vida.

Paulo Alvarenga (P.A.)

PARTE I

COMPROMISSO COM O DESENVOLVIMENTO

"Se todos nós fizéssemos tudo que somos capazes de fazer,
iríamos literalmente surpreender a nós mesmos." – *Thomas Edison*

PARTE I

COMPROMISSO COMO
DESENVOLVIMENTO

PRETO, O AVENTUREIRO

> "Quanto maior for o desprendimento em relação ao aprimoramento, maior será a satisfação com os resultados obtidos, em razão direta e proporcional."
>
> *Paulo Alvarenga (P.A.)*

– O Preto vai ser aventureiro. Não vai dar em nada, não.

Vindas da boca de minha mãe, essas eram as últimas palavras que eu queria ter escutado naquela casa. Mas tinha dois ouvidos atentos e, quando passava diante da porta do quarto dos meus pais, acabava prestando atenção nas conversas de Dona Pureza e Seu José Maria – que, mesmo depois de muito tempo vivendo em São Paulo, ainda carregavam o sotaque inconfundível de Guaranésia, sua cidade de origem no sul de Minas Gerais.

Filho do meio, apelidado de Preto, eu disputava a atenção dos meus pais com o mais velho, Ricardo, e com a mais nova, Simone, quando estávamos todos em casa – coisa rara , já que meu pai era um metalúrgico trabalhador e minha mãe vendia batatas na feira. Ou seja: ambos estavam sempre ocupados com seus afazeres.

Além de ter força para carregar todos aqueles sacos de batatas, minha mãe tinha aptidão para subir no telhado, consertar a antena e fazer todos os serviços que na época eram típicos de um homem. Mas ela possuía mais que força. Ela possuía algo que eu aprenderia por observação, sem que ela me ensinasse: a facilidade para assimilar as coisas sozinha. E realizá-las.

Nem meu pai nem minha mãe tinham papas na língua. Seu José Maria era sério demais para que arriscássemos qualquer brincadeira. Mas não deixava faltar nada em casa, e chegava orgulhoso na época de Natal, quando trazia os presentes que a empresa havia dado para os filhos dos funcionários.

Foi aos 15 anos que acabei procurando um trabalho. Sonhava em trabalhar no banco que ficava num arranha-céu gigante numa avenida bonita de São Paulo. Sem muita pretensão, preenchi uma ficha. Bastaram três meses para que me contratassem como office boy.

A sorte parecia estar ao meu lado. E eu, aventureiro que era, logo parti para outra área dentro do banco: fui promovido a escriturário. Só que isso durou pouco tempo, já que a secretária do meu chefe me veio com uma pergunta certeira:

– Você sabe datilografar, Paulinho?

Olhei para ela, intrigado. Não tinha a menor intimidade com a máquina de escrever.

– Então aprende, porque você vai ser promovido – decretou.

Peguei uma máquina de escrever emprestada e fiquei treinando da noite de sexta-feira até a madrugada de segunda. Mesmo quando meus dedos doíam, eu prosseguia sem pensar em desistir. O entusiasmo em ser promovido e a força de vontade eram maiores que qualquer dor que eu pudesse sentir naquele momento.

A insegurança do ensino médio ficara para trás. Agora havia a vontade de querer impressionar meus pais e realizar coisas que os fizessem se sentir orgulhosos.

Foi nessa mesma época que conheci a Andrea, no colégio. E me mostrei um cara alegre, que poderia conquistá-la. Em pouco tempo nos tornamos namorados. Aos 17 anos, recebi a notícia de que seria pai.

Logo, eu e Andrea nos casamos. Me casar tão novo foi algo que mudou toda a minha história. Percebi naquele momento que teria que trabalhar e estudar para dar algo para o Eloy, que estava chegando.

Foi assim que mudei de área. Como na época eu estava fazendo o curso técnico em processamento de dados, arrumei um emprego ligado a engenharia de sistemas. O *upgrade* na carreira até que foi bom, mas eu continuava o mesmo garoto que levava um hambúrguer na marmita e morava no quarto dos fundos do sogro.

Como estagiário na empresa, virava noites estudando novas tecnologias, para crescer na empresa e não desperdiçar aquela oportunidade. Foi assim que um dos chefes bancou para mim um prestigiado curso de Programação de Computadores, o que ajudou a alavancar minha carreira. Algum tempo depois, fui trabalhar dando consultoria em outra empresa num projeto de conversão de sistemas.

Nessa época, passava as madrugadas investigando os sistemas dos projetos nos quais eles trabalhavam, para assim conseguir me inteirar de tudo que era feito por ali. Até que um dia, numa reunião importante com diretores, dei uma bola dentro e ganhei a confiança dos meus chefes. O resultado disso foi que me designaram para minha primeira viagem de trabalho, a fim de implementar o sistema em outra cidade.

Foi nessa viagem, que durou três longas semanas, que acabei entendendo o funcionamento do negócio. A confiança que os chefes depositaram em mim foi o *start* de que eu precisava para acreditar sempre no meu potencial.

Logo fui promovido e ganhei um aumento, mas no dia a dia o aperto ainda era grande, porque vez ou outra faltava dinheiro para comprar fraldas para meu filho, e isso me massacrava. Foi assim que decidi, aos finais de semana, começar a vender pastel na feira do automóvel no Anhembi e fazer todos os tipos de trabalho como freelancer que eu pudesse imaginar.

***

Em paralelo, embora estivesse ganhando um pouco mais de dinheiro como líder na empresa, pela primeira vez eu entrava em contato com o estresse no trabalho, o que acabou tendo reflexos dentro de casa. E foi aí que a relação degringolou e me separei, aos 22 anos.

Quase pude ouvir minha mãe sussurrar: "Esse aí vai ser um aventureiro" quando, seis meses depois, percebi que não tinha mais onde cair morto. Eu havia pedido demissão para "curtir um pouco a vida", mas queimei todo o dinheiro que havia ganhado.

Por um golpe de sorte, consegui um novo trabalho em consultoria e procurei minha ex-mulher para que pudéssemos reatar, depois de cerca de um ano e meio. Com a nova estabilidade, veio um segundo filho, e pela primeira vez comecei a olhar para o futuro de outra forma.

Só que, quando olhamos para o futuro, o presente prega peças. Numa tarde, enquanto atravessava a rua com o Eloy, meu filho mais velho, que já estava com 7 anos, tive um grande despertar. Um carro desgovernado vinha em nossa direção e só tive tempo de jogar meu filho para o lado, antes de eu ser atropelado e ter meu rosto arrastado pelo asfalto. Quando levantei, vi que, além de mim, ele também tinha sido atingido, já que o carro passara em cima do seu pé.

Desfigurado, com a face em carne viva, senti um grande impacto no corpo e também em minha vida. Ficava noites e noites pensando que poderia ter perdido meu filho, e essa possibilidade era mais apavorante que pensar em minha própria morte.

Foi justo nesse momento que me fiz um questionamento importante: "O que eu quero da vida?".

Nesse período, saí da empresa em que trabalhava e fui contratado para gerenciar um projeto referente ao bug do milênio, no qual comecei a ser respeitado pelas minhas aptidões na parte técnica e operacional. Eu precisava liderar grandes amigos que faziam parte da equipe, o que era um desafio. Por isso, fui buscar ajuda no Instituto Dale Carnegie, onde fiz um treinamento de comunicação eficaz, relacionamento humano e liderança para lidar melhor com meu time.

Eu logo me apaixonei por esse mundo de treinamentos comportamentais, então recebi um convite para participar de cursos que formavam trainers, ou os chamados de instrutores de treinamentos. Certo dia, um de meus mentores nesse curso me colocou contra a parede: confrontado se continuaria com um pé em cada lugar, "sendo meia-boca em tudo", sem focar em nenhuma área específica, decidi mergulhar no treinamento para desenvolvimento pessoal.

Comecei a estudar programação neurolinguística (PNL) e sabia que queria trabalhar com treinamentos. Não demorou muito para que eu recebesse uma proposta para abrir uma empresa de treinamentos em parceria com dois sócios – que inclusive haviam participado de um de meus treinamentos. Fiquei tão engajado com o projeto que formatei os produtos, os programas e fechei um primeiro contrato para montar um treinamento novo, do zero.

Só que, no meu novo negócio, além de vender, eu precisava produzir, entregar, e não tinha muita habilidade em administrar. Foi assim que o dinheiro começou a sair rapidamente, e me vi mais uma vez descapitalizado: não tinha grana nem para colocar combustível no carro.

O trabalho continuava intenso, e eu seguia desempenhando todos os papéis dentro da empresa, mas a conta sempre empatava e eu não conseguia tirar nenhum lucro de lá. Vivia de vento. Era contraditório, pois eu ajudava outras empresas a ligar as turbinas, mas não conseguia acelerar a minha própria.

Mesmo com muito conteúdo e experiência, sendo conhecido e reconhecido, não tinha um gato para puxar pelo rabo. Ou seja: estava absolutamente zerado.

Entrei num processo que chamo de "terceirização": comecei a colocar a culpa no ambiente e nas outras pessoas. Tinha perdido a saúde, estava com péssimos hábitos alimentares, havia rompido uma sociedade e a vida conjugal ia tão mal que eclodiu numa segunda separação da mãe dos meus filhos.

Ou seja, não tinha dinheiro, não tinha carro, não tinha sócio, não tinha esposa, não tinha nada. Sem saber como conduzir tudo aquilo, me vi diante de meu maior desafio. Pela primeira vez, me questionei: "Será que essa é realmente a minha missão?".

Numa tarde, sentado sobre uma caixa dentro de meu escritório – um cubículo de dois metros quadrados na Zona Leste de São Paulo –, conversava com Deus e pedia uma resposta. Chorando, eu me perguntava: por onde deveria recomeçar?

Foi quando um dono de metalúrgica chamado José Venceslau, cuja família havia sido transformada por meio dos meus treinamentos, bateu à minha porta e ofertou mais que uma ajuda. Estendeu um cheque em branco e disse:

– De quanto você precisa?

O "não" ao cheque foi muito forte e me reergueu.

Nesse período, eu tinha acabado de conhecer Arthur Diniz, diretor executivo de planejamento estratégico de um grande banco. Ele havia participado de um dos treinamentos que eu ministrava de PNL e nos tornamos amigos. Arthur me chamou para ser sócio da empresa que estava abrindo, de treinamentos de lideranças. Eu estava em outro momento e disse isso a ele. Um tempo depois, me fez outro convite: desta vez, para criarmos um programa de liderança. Fizemos oito dias de treinamento, que trouxeram resultados extraordinários. Era o ano de 2005. Foi aí que nasceu o programa Líder do Futuro, sucesso no Brasil e no exterior até hoje. Dois anos depois, nos tornamos sócios numa empresa de treinamento.

E passei a cumprir meu propósito.

Nessa mesma época, Arthur me provocou dizendo que eu estava gordo. Eu ainda não tinha percebido que minha energia estava tão comprometida que eu mal conseguia correr em volta de uma praça. Entendi, finalmente, que era hora de me cuidar. Tinha saído de várias rupturas e estava com o emocional abalado – o que tinha feito com que eu me esquecesse de outras áreas importantes da vida. Questionava meus valores espirituais, minha vida financeira estava descuidada e carregava comigo uma grande bagagem de pensamentos negativos (o chamado "lixo mental") que tiravam meu foco do que era realmente necessário.

Resolvi cuidar da saúde e literalmente corri atrás do prejuízo. Disposto, comecei a emagrecer e colocar ordem na minha vida. Enquanto corria, minha mente palpitava – e a voz do meu filho, já adolescente, sempre ecoava, perguntando: "Pai, eu nunca vou esquecer do quanto você foi inconsequente saindo da sua zona de conforto".

É que eu sempre dizia a meu filho: "Se quer ter sucesso na vida, tem que sair da zona de conforto". E foi justamente quando saí de minha zona de conforto que começamos a ter problemas financeiros em casa – e ele, acostumado com algumas facilidades que o dinheiro proporciona, questionou minha decisão. Diante de sua pergunta, respondi apenas que talvez um dia ele me entenderia. Porque eu ainda acreditava que valia a pena correr atrás dos sonhos.

Foi a partir de uma grande derrocada em todos os níveis que resolvi que não seria um aventureiro. Eu seria um vencedor.

FOI A PARTIR DE UMA GRANDE
DERROCADA EM TODOS OS
NÍVEIS QUE RESOLVI QUE
NÃO SERIA UM AVENTUREIRO.
EU SERIA UM VENCEDOR.

A FORÇA DOS SUPER-HERÓIS

2

> "Não é sobre ter o que você quer, é sobre vivenciar
> o que você realmente precisa se tornar mais."
>
> *Anthony Robbins*

– Preto, você nunca precisou de ajuda.

Foi desse jeito que minha mãe concluiu aquela conversa enquanto lavava a louça, num dia do fim de 2013. Eu já estava trabalhando com desenvolvimento pessoal fazia um bom tempo, era perito em treinar líderes, sabia identificar com facilidade os gatilhos desperdiçadores de energia e buscava cada vez mais a alta performance.

Mas fazia uns dias que eu estava com uma sensação incômoda. Sentia palpitações, taquicardia e, mesmo com tudo que eu conhecia, não sabia como combater aquele inimigo interno.

Foi durante aquela conversa que minha mãe determinou que eu era autossuficiente.

Como eu sempre parecia estar bem, acabava sendo aquele cara com quem todo mundo contava. Ninguém sequer perguntava se *eu* precisava de ajuda. Aos poucos, fui criando uma couraça, e não economizava energia quando era solicitado a ajudar alguém, mas, no que dizia respeito a mim, entendia que estava bem resolvido. Quando meu pai faleceu, por exemplo, bati no peito e tentei remediar os corações machucados por todos os lados. Enfrentei a dor sem me entregar a ela.

Só que, naquele dia, conversando com minha mãe depois da sensação incômoda, me peguei num estado de ansiedade fora do comum. Será que eu realmente nunca tinha precisado de ajuda? Ou nunca tinha de fato *buscado* ajuda?

Como numa dessas coincidências inexplicáveis da vida, acabei indo parar no cinema, para assistir ao longa-metragem *Homem de Ferro 3*, protagonizado por um personagem da Marvel de que eu gostava desde bem jovem.

Sentado diante da tela, senti meu corpo rígido. Não era a inflexibilidade dos músculos. Parecia que eu estava usando uma armadura. E, enquanto lembrava das sensações físicas que haviam me incomodado ao longo daquela semana, me deparei com um personagem que estava sofrendo as mesmas questões.

No filme, Tony Stark – o Homem de Ferro – está isolado do mundo, trabalhando freneticamente para criar uma armadura mais forte. Pela maneira como se comporta, parece estar vivenciando algo parecido com uma síndrome do pânico, um transtorno de ansiedade no qual ocorrem repetidos ataques de medo. Os gatilhos dos períodos de ansiedade são provocados pelos traumas que sofreu. Foi então que me conectei de verdade com o filme.

O Homem de Ferro criava as armaduras e não queria sair de sua zona de segurança, obcecado em criar artefatos melhores e superar a si mesmo. Ficou claro que aquele Tony que tentava resolver tudo sozinho, sem pedir ajuda e se afastando muitas vezes das pessoas que eram importantes para ele, era eu.

Olhei para aquilo, que me parecia tão familiar, e comecei a me questionar: "Como comecei a sentir isso? Quando comecei a sentir meu corpo pedindo ajuda?".

* * *

Ao chegar em casa, sentei no sofá e comecei a pensar no meu pai. Deixei que os pensamentos viessem, sem evitá-los, e senti uma saudade intensa que me fez chorar compulsivamente. Era um choro de libertação.

Aquele choro honrava minha dor e me conectava com algo lindo, que era a possibilidade de acolher aquela dor. Era como se eu estivesse tendo uma conversa comigo mesmo: "Você não é o Homem de Ferro. Você precisa mostrar suas vulnerabilidades".

Então tudo fluiu, e eu entendi que aquela ansiedade que sentia tinha uma forte relação com o luto que não vivenciei pela morte de meu pai – e com o fato de nunca ter pedido ajuda para nada. Percebi, logo, que "alta performance" nada mais é que ter a capacidade de se conectar de verdade consigo mesmo e com as pessoas. Assim como Tony Stark deixou a armadura de lado e mostrou seu lado humano, aquele processo me trouxe a humanidade de que eu precisava.

Naquela fase do meu processo de desenvolvimento pessoal, percebi que somos mestres na arte de camuflar sentimentos, mas engatinhamos no processo de acolher nossa dor. Toda dor nos leva a um aprendizado se formos capazes de enxergá-la, sem mascará-la nem tentar criar uma armadura para resistir aos ataques que vêm de fora.

Eu sabia que, para inspirar os participantes de meu curso, eu precisava estar conectado com um propósito muito maior. Um propósito genuíno de querer ajudar o outro e contribuir com ele.

* * *

Quando olho para minha história inteira, percebo que o que me levou a me conectar com todos os desafios que enfrentei foi a busca de trabalhar com algo pelo qual sou apaixonado. Eu tinha muito propósito de trabalhar com desenvolvimento pessoal, mas sempre soube que não era só isso: desenvolver os outros sem desenvolver habilidades em si

SOMOS MESTRES NA ARTE DE CAMUFLAR SENTIMENTOS, MAS ENGATINHAMOS NO PROCESSO DE ACOLHER NOSSA DOR.

mesmo gera uma frustração absurda, e isso me fez por muito tempo "patinar", sem destino certo.

Eu precisava desenvolver minha capacidade de acolher os momentos bons e ruins e entender que tudo faz parte da nossa evolução como seres humanos. Eu mereço o que é bom e mereço o que é ruim, porque contribuí para as duas coisas acontecerem.

Acolher o momento bom e o ruim faz com que possamos passar pela transitoriedade da vida com mais leveza. Era essa a postura que cabia naquele momento, mas eu ainda não a tinha incorporado em minha vida. Era a postura do herói de verdade, que sabe surfar nas ondas da vida, caindo e levantando, mesmo tendo certeza de que vai cair novamente.

Enfrentar dificuldades pode ter deixado minha couraça mais grossa, mas recebi também um intenso aprendizado. E desse aprendizado não abro mão.

Nessas horas, quando me recordo de todos os tropeços, é inevitável me lembrar de uma conversa com meu pai que, meses antes de morrer, me perguntou o significado da palavra "resiliência". Procurei as palavras mais bonitas para definir o conceito, até que ele soltou, com sua simplicidade genial:

– Filho, lá em Minas isso aí tem outro nome... Na minha terra, a gente diz "nóis enverga, mas não quebra".

Em silêncio, relembrei algumas lições dos maiores sábios do mundo. Mal sabia meu pai que ele próprio estava entre eles. Aquela frase, que tinha nascido por causa do bambu da floresta, cuja principal característica é a flexibilidade, trazia muitos ensinamentos a ela atrelados.

Como sabemos, a estrutura do bambu é sólida, e ele fica enraizado no chão, mas balança em harmonia com o vento. O bambu também suporta condições climáticas extremas como invernos congelantes e verões escaldantes. Dizem que só o bambu é capaz de permanecer de pé diante de um tufão. No entanto, quando observamos sua aparência, acreditamos que ele é frágil. E seu crescimento é mais rápido nas estações chuvosas.

Um mestre chinês dizia que o bambu expressa sua utilidade em sua simplicidade. E ressaltava que o homem deveria fazer o mesmo.

Pensando bem, gastamos muito tempo complicando o simples apenas para impressionar os outros – como fiz com meu pai, quando quis buscar palavras complexas para explicar o que era resiliência. No entanto, poucos são capazes de simplificar o complexo – como foi a grande lição que ele me deu naquele dia.

Pelo menos naquele momento eu já sabia que minha força estava longe de uma armadura que pretendia me fazer parecer intocável. Meu poder parecia cada vez mais estar relacionado às características do bambu: me colocava em movimento constante, mesmo sob temperaturas e condições adversas, fazendo com que eu crescesse a cada estação.

O GRANDE MOTIVO

3

"O hábito é o melhor dos servos ou o pior dos patrões."

Nathanael Emmons

Naquela manhã, eu estava realmente emocionado. Eu faria um treinamento *in company* para os executivos de uma empresa de aviação que haviam vivenciado uma grande tragédia com um de seus aviões. Um acidente aéreo com vítimas fatais. Na época, um garoto conseguira ser salvo do acidente e, quando foi enviado para o hospital, o médico que o esperava na emergência era seu próprio pai. Embora a maioria dos médicos saiba por qual motivo se levanta todos os dias, naquele, em especial, aquele pai entendeu o que o movia.

No dia do treinamento, meu filho mais velho, Eloy, me mandou um e-mail. Estava fazendo um intercâmbio na Austrália e dizia que finalmente entendia a verdadeira graça da vida. Em seu e-mail, escreveu que compreendera que, se fizesse o que gosta, viveria para buscar isso e se conectaria com pessoas, sendo assim mais feliz.

"Hoje consigo te entender. Se você não tivesse saído da zona de conforto, eu talvez não estivesse aqui", concluiu.

Soltei o peso do corpo na cadeira. E respirei fundo. Aquele e-mail teve um efeito curativo, porque, alguns anos antes, enquanto eu corria atrás do meu propósito sem qualquer planejamento, meu filho, no auge da adolescência, vendo o pai trabalhando feito um louco sem dinheiro para nada, disse algo como "Eu nunca serei irresponsável nesse negócio de sair da zona de conforto, como você fez na vida".

Naquele momento, em que eu me sentia realmente angustiado, foi como se ele cravasse uma estaca no meu peito. Tive vontade de desistir, mas estava em busca de um sonho.

– Talvez um dia você entenda, mas buscar um sonho é maravilhoso – respondi, na época.

Como eu estava buscando o sonho de maneira errada, o resultado daquilo refletia na bagunça que estava minha vida – e meu filho enxergava as consequências daquele despreparo. Eu era um pai que tinha engordado 22 quilos, totalmente sedentário, preocupado, louco atrás do propósito, mas infeliz em aspectos emocionais e pessoais.

Ler aquele e-mail naquela manhã, disparado do outro lado do mundo, me fez renascer. Se eu colhia os frutos das minhas ações era porque estava comprometido com meu desenvolvimento e entendia, de fato, a questão da *autorresponsabilização*.

Vejo hoje muitas pessoas terceirizando a culpa do que acontece com elas. Uns dizem que o marido é o culpado. Outros botam a culpa nos liderados. Alguns dizem que é a empresa. Autorresponsabilizar-se pela nossa vida faz com que possamos entender que ou fizemos algo ou deixamos de fazer para que aquilo acontecesse. É ter a consciência de que nosso comportamento colabora para o comportamento do outro.

Costumo perguntar nos treinamentos quantas vezes as pessoas elogiaram aqueles que amam, quantas vezes olharam para o outro se interessando genuinamente por ele. Nessas horas, os participantes param e refletem. E lembram que não dá para reclamar do outro. Da promoção que não veio, do marido ou da esposa que não fez o que esperava. Porque, se olhamos e pensamos "não fiz nada para mudar essa situação", também merecemos o não resultado delas.

Não adianta querer resultado sem ter feito esforço.

***

O primeiro passo para tomar as rédeas do seu crescimento é assumir como resultado aquilo que você se dispôs a fazer. Se queremos um resultado maior, temos que trabalhar para isso. E só somos movidos se despertamos para algo que queremos muito na vida.

Muitos acreditam que o estresse seja negativo. Mas poucos entendem que deveríamos ir ao encontro do estresse de maneira consciente, pois ele é algo que também nos desenvolve. Daniel Goleman, renomado professor de Harvard, aborda a questão do estresse em relação à alta performance. Quanto mais estresse, mais performance, pois há mais atividade cerebral. Quando não vivenciamos estresse algum, quase beirando o tédio, a atividade cerebral é baixíssima e não existe desenvolvimento. Ao mesmo tempo, se ficamos muito tempo com estresse, nosso corpo recebe uma forte descarga de cortisol, e ele pode se tornar negativo. Saber olhar para o estresse de maneira positiva faz com que possamos nos desenvolver em direção aos nossos objetivos.

Muitos de nós vivemos na zona de conforto. Sempre com os mesmos amigos, as mesmas tradições, os mesmos caminhos e uma vida programada. Acabamos nos acostumando até mesmo com os problemas.

Mas aí começa o conflito, porque muitos que tentam sair da zona de conforto vão para a *zona de medo*. Já presenciei diversas vezes pessoas com muita iniciativa, mas sem nenhuma direção. São os tais principiantes empolgados, que saem, se machucam e não dão conta porque não estavam treinados, e assim entram na zona de medo.

Só que, passando a zona de medo, crio minha *zona de aprendizagem*. Aprendo novas formas de fazer minhas atividades, desenvolvo habilidades novas e desperto para coisas diferentes (veja a Figura 3.1).

Algumas vezes, o estresse pode nos desenvolver, mas, se ele for gerado na zona de medo, pode nos traumatizar.

É curioso como muitos ficam anos na zona de conforto, conformados com aquela realidade, sem acreditar que podem sair dela no momento que bem entenderem. São as pessoas que só se conectam com

MUITOS ACREDITAM QUE O ESTRESSE SEJA NEGATIVO. MAS POUCOS ENTENDEM QUE DEVERÍAMOS IR AO ENCONTRO DO ESTRESSE DE MANEIRA CONSCIENTE, POIS ELE É ALGO QUE TAMBÉM NOS DESENVOLVE.

Figura 3.1 Expandindo a zona de conforto

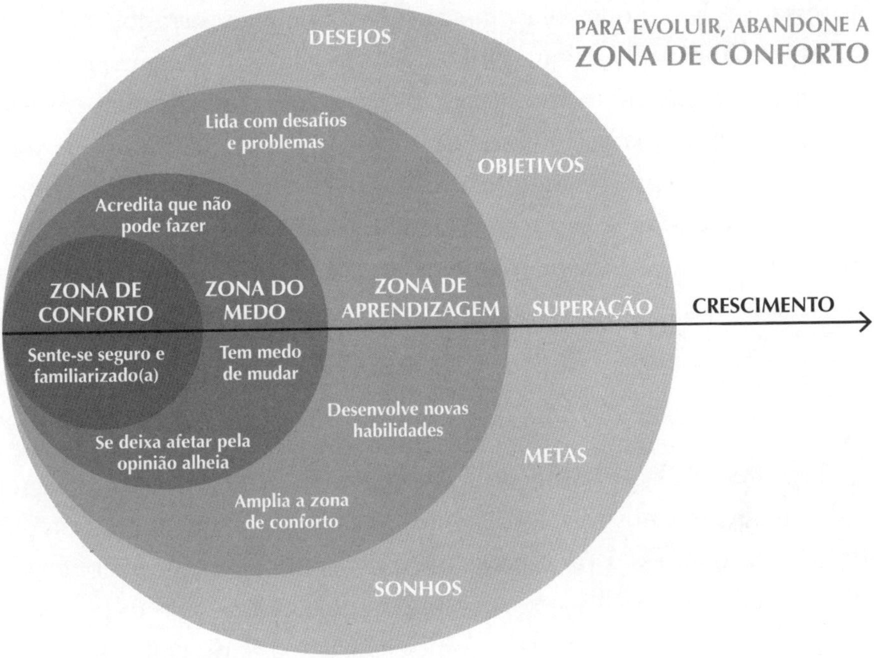

PARA EVOLUIR, ABANDONE A
ZONA DE CONFORTO

DESEJOS

OBJETIVOS

Lida com desafios e problemas

Acredita que não pode fazer

| ZONA DE CONFORTO | ZONA DO MEDO | ZONA DE APRENDIZAGEM | SUPERAÇÃO | CRESCIMENTO →

Sente-se seguro e familiarizado(a)

Tem medo de mudar

Se deixa afetar pela opinião alheia

Desenvolve novas habilidades

METAS

Amplia a zona de conforto

SONHOS

Fonte: Adaptado de Instituto Dale Carnegie.

o que querem fazer da vida aos finais de semana, e ficam angustiadas com a música do *Fantástico* no domingo à noite, sabendo que terão que voltar para o trabalho no dia seguinte.

Só quando criamos novas sinapses cerebrais desenvolvemos novas habilidades. Se nos propomos a pensar diferente, fazemos caminhos neurais diferentes e começamos a exercitar o cérebro a pensar de maneira diferente.

Depois que expandi essa zona de conforto e fui para a zona de aprendizagem, voltei a fazer coisas que não estavam previstas: surfar, fazer kitesurf, crossfit, entre outras atividades que me energizavam e alimentavam minha alma.

Evitamos conflito, frustração, sofrimento, dor. E evitar é também uma forma de estresse. Para fugir do estresse, muitos ficam ainda mais estressados. E é aí que colocamos a energia no lugar errado.

Ao expandirmos a zona de conforto, é como se alargássemos um elástico – ao mesmo tempo que ele não volta ao normal, também não fica esticado, retesado. Quando digo isso, percebo que muitos acreditam que essa expansão significa tomar uma atitude impulsiva, como pedir demissão ou se separar. Mas nada assim vai ajudar. Não é de uma atitude impulsiva que estamos falando e sim de uma atitude conectada com seus valores e seu propósito.

* * *

Todas as pessoas que conheço têm problemas em diferentes áreas da vida: financeira, nos relacionamentos, na saúde. Só que a maioria delas acorda com esses problemas e vai perdendo energia ao longo do dia. Se olha no espelho e se incomoda com o corpo e, sem perceber, perde ali um pouco de energia como se ficasse desanimada com o que viu. Olha o saldo bancário e vê que não tem dinheiro na conta – então, perde um pouco mais de energia. Sai para o trabalho, vê o carro sujo e fica pensando na casa que deixou desarrumada. De gota em gota, aquilo transborda. No caso, abrimos buracos pequenos por onde nossa energia se esvai aos poucos.

Ficamos nos sentindo impotentes e deixamos todos esses buracos levarem nossa energia embora. Esses ralos sugam nossa energia. Muitos acordam como uma lontra saindo da cama, se arrastando pela vida.

Só que isso acontece *diariamente*. As pessoas estão adoecendo dia após dia e não conseguem perceber como estão perdendo a energia.

É claro que é normal e compreensível que exista um buraco ou outro de vez em quando, mas, se ficamos muito tempo desse jeito, perdemos energia e vivemos a vida desenergizados em todos os aspectos.

Quando faço coaching, sempre inicio com uma sessão tapa-buracos. Peço que a pessoa escreva uma lista com 60 coisas que a incomodam.

Dessa forma, temos consciência do que está tirando nossa energia. Só o fato de termos consciência daquilo que nos atrapalha já ajuda a resolver algumas coisas.

Eu tinha um cliente que se cobrava porque não conseguia estudar inglês. Quando eu perguntava se ele teria tempo para isso, ele respondeu que só dali a seis meses.

Adiantava culpar-se diariamente por não conseguir cumprir aquela tarefa? Não. Então estabelecemos um compromisso de que em seis meses ele começaria a fazer aulas de inglês. Era assim que ele conseguiria se sentir bem quando viesse a sensação de que precisava falar inglês com fluência.

O que precisa ficar claro é que a falta de energia, hoje, é um aspecto crítico do ser humano. Muitos não têm energia para nada. Sendo assim, quando entramos em algumas empresas e fazemos uma análise organizacional, sentimos a energia daquele ambiente. E, se conseguimos sentir quando alguém ou algum lugar tem uma *good vibe*, também conseguimos sentir quando estamos mal ou quando as pessoas que nos rodeiam estão mal.

Quando reconheço isso, começo a tapar os buracos por onde escoa minha energia e crio estratégias para expandi-la.

Num processo normal, quando estamos numa situação e desejamos estar em outra, caminhamos naquela direção até atingir aquele objetivo. Quando expandimos nossa energia, nosso objetivo vem até nós.

De que forma?

Sabe quando você está bem e parece atrair um fluxo de coisas boas? Você está no caminho da expansão energética, e tudo isso acontece.

– Mas como faço para expandir a energia? É só tapar os buracos? – perguntou certa vez um amigo enquanto eu explicava essa teoria.

Como ele estava vindo de um desgaste emocional, isso estava afetando todas as outras áreas de sua vida. E todas elas estavam indo literalmente para o buraco. Ele já estava questionando seu propósito, achando que nada ia dar certo, e perguntando por que tudo aquilo estava acontecendo com ele.

SABE QUANDO VOCÊ ESTÁ
BEM E PARECE ATRAIR UM
FLUXO DE COISAS BOAS?
VOCÊ ESTÁ NO CAMINHO DA
EXPANSÃO ENERGÉTICA,
E TUDO ISSO ACONTECE.

– Na verdade, os buracos existem para que a energia possa sair – expliquei. – Quando a energia sai, é estresse. E a energia sai quando deixo a zona de conforto. Mas, quando estou na zona de conforto, também tem um estresse, que me deixa apático, irritado e preso na zona de conforto.

Ele continuava sem entender.

– Então a energia entra como?

Tentei fazer uma analogia com a atividade física.

– Quando você faz uma atividade física, de que modo o músculo se desenvolve?

Ele parou para pensar.

– Quando descansamos?

Era exatamente o que eu queria fazê-lo entender, que era depois do estresse causado pelo exercício que o músculo ficava mais forte. Nesse momento, acontecia o desenvolvimento muscular.

– E, quando sofremos um estresse emocional, temos um estímulo para ficar mais fortes emocionalmente – expliquei.

O que eu queria dizer naquela conversa, para aquele amigo que estava com sérias questões emocionais, parecidas com as que eu tinha enfrentado outrora, era que o estresse emocional também nos torna mais fortes. É um estímulo emocional que nos prepara para que saibamos lidar com as experiências que vêm depois.

– Nosso cérebro muda física e biologicamente quando passamos por uma experiência – expliquei. – A próxima experiência pela qual vou passar vai ser diferente e terei um aprendizado, se eu me permitir.

Ele me olhou ressabiado:

– Mas e se eu não fizer nada? – disparou.

– Se você não fizer nada, continuará com o pensamento fixo e constante de que nada dá certo.

Naquele dia, expliquei para ele alguns mecanismos que fazem as pessoas ter uma alta performance: atividade física para o corpo, meditação para a mente, oração para o espírito e conexão com algo que seja prazeroso, desde que traga algum benefício para a saúde física, mental, espiritual e financeira.

– Temos a energia espiritual, a mental, a emocional, a física e a financeira – expliquei. – Como você vem de um desgaste emocional, sua vida está se desequilibrando em todas as áreas. Isso aumenta o nível de cortisol em seu corpo e piora a situação.

– Mas como eu posso reverter isso no meu dia a dia? – questionou meu amigo.

Expliquei que, para mim, a atividade física tinha funcionado muito bem. Quando nos exercitamos, acionamos um verdadeiro exército dentro da gente. Endorfina, dopamina, serotonina – e isso gera autoconfiança.

– Eu saio da situação, aciono essa farmácia natural e, quando volto para ela, eu a observo de maneira diferente – expliquei.

– Mas eu oscilo muito de humor – comentou, desanimado.

– Olha só: se você oscila, pode rezar, meditar, fazer algo para seu mental se fortalecer. Porque se você está se esvaziando tanto e tem consciência disso, precisa gerenciar isso melhor antes de dar pau na máquina – brinquei. – O que você tem feito aos finais de semana?

Ele contou que ficava deitado assistindo a séries. E, ao mesmo tempo que tentava relaxar, ficava ainda mais cansado e desmotivado.

– Pois é, amigo. Você, deitado, bloqueia toda a sua circulação. Tem que se movimentar, literalmente, para as coisas acontecerem. Acho que é disso que você está precisando.

Contei que certa vez tinha feito um curso com Timothy Gallwey, precursor do coaching no mundo, que dizia que performance era igual potencial menos *interferência*.

– De que interferência estamos falando? – perguntou, interessado.

– Você concorda que determinada situação pode ser estressante num nível máximo para uma pessoa e para a outra, não? – ponderei.

– Mas por que isso acontece?

– Porque a habilidade de resposta é diferente entre as pessoas. Algumas têm mais habilidade, uma inteligência emocional mais desenvolvida, e reagem melhor aos eventos. Dessa forma, não ficam com lixo mental.

– Entendi – disse, quase se desculpando. – Sabe que eu costumo ficar muito mal quando alguém me critica? Acho que reajo mal a tudo.

Naquela tarde, a conversa foi longe. Falamos sobre o lixo mental que produzimos incessantemente e que interfere muito na nossa vida, e que só quando o eliminamos é que sobra potencial e, assim, conseguimos performar.

Enquanto conversávamos, ele começou a se distrair com mensagens de celular.

– Presença – falei.

– Oi?

– Pois é. O que acontece com você acontece com todo mundo. As pessoas estão em outro lugar, sem atenção plena. Estão no celular até quando almoçam no restaurante, pensando em algo e digitando. Quando falo de energia emocional, falo de conexão. Estou *no aqui e no agora*, ouvindo, sentindo, percebendo, e isso conversa muito com resiliência. Você está totalmente desconectado.

Quando saí dali, ele pareceu entender que tinha total responsabilidade pelo que acontecia com ele. Sempre merecemos o que geramos como resultado – seja ele positivo ou negativo.

O que acontece, na maioria das vezes, é que as pessoas estão com foco errado. Foco no medo em vez de naquilo que querem de verdade. Se estamos comprometidos em ir naquela direção, precisamos praticar e buscar aquilo que queremos desenvolver em nós mesmos. Sempre digo que precisamos ter um coach, um livro que nos provoque e relações de desenvolvimento para nos ajudar.

Costumo dizer que autoajuda é quando a gente está estatelado no chão e quer se levantar puxando a si mesmo pelos cabelos. E isso não existe. Se sei que não existe, é porque já tentei fazer isso. E, a duras penas, aprendi que é preciso pedir ajuda.

No dia em que estava perdido e sem chão, sentado sobre uma caixa de papelão em meu escritório, e me foi ofertado outro tipo de ajuda – a financeira –, aquele gesto me impulsionou a ir adiante no meu propósito, mesmo negando a oferta.

O GRANDE MOTIVO **49**

AS PESSOAS ESTÃO COM FOCO ERRADO. FOCO NO MEDO EM VEZ DE NAQUILO QUE QUEREM DE VERDADE.

Meu mentor espiritual, Osmar Ludovico, me disse certa vez: "Amor e controle não ocupam o mesmo espaço. Ou amamos ou controlamos alguém. E o verdadeiro amor só acontece quando demonstramos nossas vulnerabilidades – é aí que nos conectamos com o outro".

Quando falo de liderança, chamo as pessoas para que se conectem umas às outras. Porque estamos o tempo todo conectados através de relações de controle que nos desconectam do verdadeiro sentido da vida. Tanto na vida pessoal como na vida profissional.

Se pararmos para pensar em alguém que admiramos e enumerarmos todas as características dessa pessoa, vamos perceber que 85% delas se dividem entre atitude e habilidade e só 15% são referentes a conhecimento técnico (veja a Figura 3.2, "O CHA da competência", em que CHA é um ideograma para "conhecimento, habilidade e atitude"). Tive acesso a esse conteúdo quando fui trainer no Instituto Dale Carnegie.

Figura 3.2 O CHA da competência

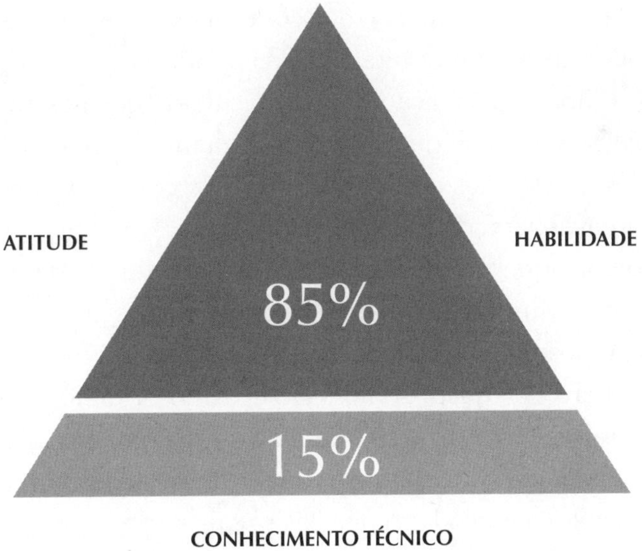

Fonte: Adaptado de Instituto Dale Carnegie.

Como vemos no esquema, o conhecimento é a base. Mas a pergunta é: o que faz as pessoas quererem algo e agir? Qual é o nosso "querer fazer"? O que nos move a realizar aquilo que nos propomos a fazer?

Para adquirir conhecimento, precisamos querer, ter atitude, e para transformar conhecimento em habilidade mais uma vez precisamos querer, ter atitude.

Temos que despertar para a vida sabendo por que acordamos todas as manhãs. E isso inclui entender o próprio papel na conjuntura social do Brasil, o impacto que pequenas atitudes geram na corrupção, e parar de criticar e apontar dedos, como se não fizéssemos parte do problema.

Quando nos conectamos com o todo, conseguimos entender o outro, o ambiente, e colaboramos com ele.

No meu ambiente de trabalho, vejo muitas pessoas entusiasmadas, no sentido literal da palavra. São cheias de Deus dentro de si. Elas têm presença e um senso de propósito muito forte que as move. E ser entusiasmado é muito mais forte que ser empolgado. Quando estamos centrados, temos gratidão, agradecemos e sabemos o que queremos. Ficamos absolutamente conectados com o nosso querer, e nossa energia e atitude trazem um resultado ainda maior.

Então, agimos, e essa ação tem um resultado que nos aproxima de nossos objetivos. Mesmo que a atitude traga um resultado que nos distancie deles, se estamos conscientes, não nos culpamos, nem ficamos presos à situação, acreditando que erramos.

Entendemos que tudo gera um aprendizado. E aí desenvolvemos novas atitudes, alinhadas com um comportamento que gera resultado.

Às vezes, nossos maiores coaches são aqueles que nos provocam e nos fazem perceber quem somos. Hoje tenho orgulho do meu espírito aventureiro, como dizia minha mãe. "Envergo, mas não quebro", como dizia meu pai. E tento me conectar de verdade com meus filhos para provocá-los a entender o que os faz cair de pé.

Eu já descobri o grande motivo que me move.

E você? Qual é o seu?

PARA ADQUIRIR CONHECIMENTO, PRECISAMOS QUERER, TER ATITUDE, E PARA TRANSFORMAR CONHECIMENTO EM HABILIDADE MAIS UMA VEZ PRECISAMOS QUERER, TER ATITUDE.

PARTE II
AMPLIANDO A CONSCIÊNCIA

"Não procure heróis, seja um." – *Anthony Robbins*

A PIRÂMIDE DA NOSSA VIDA

4

"Quando estiver passando pelo inferno, não pare."

Winston Churchill

– A palavra move e o exemplo arrasta, meu filho!

Meu pai sempre tinha na ponta da língua um dito popular que me fazia parar para pensar. Ao mesmo tempo, ele não era um cara bom com as palavras. Não parecia escolhê-las a dedo, nem saber a temperatura certa de cada uma delas.

Ele também tinha uma comunicação que ia além das palavras, que fazia com que eu e meus irmãos o entendêssemos apenas através do olhar. Era como se impusesse sua presença com um simples gesto que nos fazia entender quais eram os limites.

Assim, cresci num ambiente em que a integridade era um dos valores mais cultivados pela família. Dessa forma, entendia que trabalhar duro, desde cedo, era o que garantiria o sustento dos meus filhos.

Durante muito tempo, vendi meus talentos em troca de dinheiro e dias de vida, e sentia que às vezes eu me esvaziava. Eu simplesmente trabalhava, como tinha aprendido a fazer por meio do exemplo de meu pai, mas no fundo acreditava que, se fizesse algo por um *propósito*, que estivesse conectado à minha missão, eu colheria os frutos do meu esforço.

Claro que isso trouxe uma frustração danada durante um bom tempo. Eu ainda não fazia ideia de que, para suportar um propósito, precisaria desenvolver certas capacidades.

Logo, entrei em contato com as teorias sobre o poder do pensamento positivo. Cético, não enxergava muita lógica naquilo. Sabia que não bastava apenas *querer* algo para que as coisas acontecessem. Foi depois de cair diversas vezes que me deparei com um conceito que clareou minha mente e trouxe um pouco de ordem para o caos: o conceito de níveis neurológicos, desenvolvido por Gregory Bateson.

Abraçado ao conceito, fiz com que ele se tornasse a metodologia de minha antiga empresa, a Liderarte, além de a espinha dorsal do programa Líder do Futuro desde a primeira edição, em setembro de 2005. Hoje, faz parte da metodologia da minha empresa Crescimentum em tudo o que fazemos.

* * *

Quando conheci o conceito de níveis neurológicos, toda vez que olhava para o topo da pirâmide me vinha a pergunta: "O que te move? Qual é o seu motivo? Qual é a sua missão?".

Eu sabia que um propósito me movia, e entendi isso melhor depois de estudar a teoria de Bateson, um verdadeiro amante da comunicação humana. Biólogo, antropólogo e psiquiatra, ele pesquisava como e em quais níveis de consciência nos comunicamos com o mundo e com as pessoas.

Posteriormente, esse conceito foi adaptado pelo papa da PNL (Programação Neurolinguística), Robert Dilts. Trata-se de um conceito fundamental para causar qualquer mudança significativa de comportamento e, consequentemente, de vida. É a chave para entender por que algumas pessoas são bem-sucedidas ao buscar seus objetivos de mudança e outras, não.

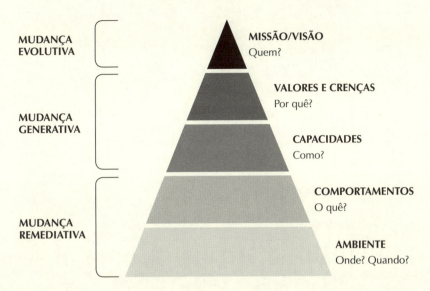

Fonte: Adaptado de DILTS, Robert, *Crenças*.

Entender o conceito de níveis neurológicos é essencial para traçar um plano de desenvolvimento ou de mudança em qualquer área da sua vida – ou ajudar alguém a traçar esse plano –, desde ser um pai mais atencioso, se tornar um líder que busca desenvolver seus liderados ou adotar com sucesso hábitos mais saudáveis.

De acordo com Robert Dilts, possuímos cinco níveis neurológicos que afetam quem nós somos, no que acreditamos, como nos comportamos e, consequentemente, como afetamos e somos afetados pelo ambiente a nossa volta (veja a Figura 4.1).

O primeiro é o nível do *ambiente*. É onde estamos inseridos, o local no qual estamos vivendo nossa vida pessoal e profissional. É o "onde" e o "quando". Somos a todo momento impactados por esse ambiente e, ao mesmo tempo, causamos impacto no nosso entorno através de nossos comportamentos. Dentro do nível de ambiente é onde se encontram também as pessoas com quem convivemos e que igualmente nos afetam e são afetadas pela gente.

ENTENDER O CONCEITO DE NÍVEIS NEUROLÓGICOS É ESSENCIAL PARA TRAÇAR UM PLANO DE DESENVOLVIMENTO OU DE MUDANÇA EM QUALQUER ÁREA DA SUA VIDA – DESDE SER UM PAI MAIS ATENCIOSO, SE TORNAR UM LÍDER QUE BUSCA DESENVOLVER SEUS LIDERADOS OU ADOTAR COM SUCESSO HÁBITOS MAIS SAUDÁVEIS.

O segundo nível neurológico é o do *comportamento*. Como dito, nosso comportamento impacta diretamente o ambiente no qual estamos inseridos e as pessoas que dele fazem parte. Por exemplo, se ao chegar em casa do trabalho você diz para sua família: "Não falem comigo, preciso continuar a trabalhar", isso causa um impacto no local e nas pessoas. No entanto, se ao chegar em casa você diz: "Família, cheguei! Vou desligar meu celular para estar 100% presente e aproveitar este momento com vocês", imagine como o impacto será diferente. Agora, se algum desses comportamentos se repetem diversas vezes, imagine quanto ele irá influenciar o ambiente e as pessoas no médio e no longo prazo.

O mesmo impacto se dá no ambiente de trabalho se um líder sempre chega atrasado para reuniões com seus liderados ou acaba desmarcando com eles, enquanto nunca repete esse comportamento com seus superiores. Dependendo do comportamento adotado, o modo como influencio o ambiente e as pessoas será alterado.

A questão é: por que as pessoas têm comportamentos tão diferentes? Para responder a essa questão, entramos no terceiro nível neurológico, o nível das *capacidades*, que é saber o "como" faço algo. Para ter determinado comportamento, preciso antes saber *como* fazê-lo, *como* executá-lo. A capacidade de execução envolve desde as coisas mais simples, como ter a capacidade para caminhar, falar ou ler este livro, até as mais complexas, como me planejar financeiramente, saber como criar um filho de maneira adequada ou ainda como desenvolver meus liderados na empresa. Cada um de nós desenvolve capacidades distintas que geram comportamentos diferentes e causam consequências diversas no ambiente.

Para citar um exemplo, você provavelmente conhece várias pessoas que desenvolveram a capacidade de sempre chegarem atrasadas aos compromissos, ao mesmo tempo que também deve conhecer um grupo de pessoas que desenvolveu a capacidade oposta, ou seja, de sempre chegar pontualmente aos locais. Por que esses grupos desenvolveram capacidades tão distintas?

A PIRÂMIDE DA NOSSA VIDA **61**

Aqui entra o quarto nível neurológico, o das *crenças e valores*, ou seja, o "porquê". É ele que nos fornece a explicação de nossos comportamentos e capacidades. As pessoas agem de formas diferentes e, consequentemente, atingem resultados diferentes, pois possuem crenças diversas.

Voltando ao nosso exemplo da capacidade de ser pontual, tente conversar com alguém que sempre chega atrasado a qualquer evento. Você provavelmente vai acabar ouvindo algo como: "Em primeiro lugar, eu não chego atrasado sempre, isso é um rótulo que colocaram em mim. Acontece de eu me atrasar um pouco apenas algumas vezes. Todo ser humano se vê diante de imprevistos em alguns momentos e acaba se atrasando, é normal. E quer saber? Vinte minutos a mais, quinze minutos a menos, isso não muda a vida de ninguém. Afinal, meu foco é o resultado, e não chegar na hora".

Logo depois dessa conversa, busque falar com aquele seu conhecido que sempre é pontual. Garanto que vai ouvir algo na linha de: "Como assim? Por que eu chegaria atrasado? Se eu fizer isso, acabo atrasando o trabalho das outras pessoas também. Sem falar que vou passar uma mensagem para os outros de que meu tempo é mais importante do que o deles. Não faz sentido chegar atrasado. Se eu tiver algum problema, o que é raro, eu ligo avisando".

Você percebe que o que está por trás da capacidade de chegar pontualmente ou atrasado são *crenças distintas*?

Por que isso acontece? Algumas vezes isso ocorre de modo inconsciente, ou seja, simplesmente não penso sobre algo e acabo fazendo no piloto automático. Aos poucos, tomo decisões que tendem para determinado comportamento e vou desenvolvendo uma crença ou um valor sobre esse comportamento, entendendo-o como certo ou errado de acordo com as vivências que tenho, e que vão reforçando as decisões que tomo. Por exemplo, acabo chegando atrasado um dia e, aparentemente, não ocorre nada de prejudicial, as pessoas parecem compreender. Isso se repete mais uma e outra vez e, quando vejo, desenvolvi a crença de que "quinze minutos a mais ou a menos não faz grande diferença".

Contudo, algumas vezes, o que molda nossos valores e crenças são escolhas bem conscientes. Geralmente construímos uma certa identidade para nós e optamos por tomar decisões que sejam congruentes com essa identidade. Este é nosso quinto e último nível neurológico: *identidade (missão e visão)*.

Cada pessoa possui uma identidade única, um modo como se enxerga e acredita ser. Dentro dessa identidade única representamos vários papéis no dia a dia: papel de pai ou mãe de família, de filho, de líder, de liderado, de amigo ou amiga, entre outros. Cada um desses papéis que represento compõe minha identidade, mas para cada um desses papéis eu desenvolvo valores e crenças distintos e, por isso, tenho comportamentos diferentes no trabalho e em casa.

Quando falamos de identidade e papéis, cada pessoa é única. O que eu considero ser um bom pai pode ser diferente do que você considera ser um bom pai e, muitas vezes, não há um modo melhor ou pior. No entanto, identidades e crenças diferentes têm impactos distintos no meu ambiente.

Quando temos nossa identidade bem definida, conseguimos tomar decisões mais congruentes com a forma como nos vemos. Assim, adotamos crenças e agimos de forma a reforçar nossos papéis como líder, pai, filho etc.

* * *

Agora que entendemos os cinco níveis neurológicos, vamos dar um exemplo de como eles se desdobram na prática.

Imagine que você tenha percebido recentemente que aquele ou aquela colega de trabalho começou a emagrecer. Você vai conversar com a pessoa e ela comenta que começou a correr e se alimentar melhor. Você olha para baixo e pensa que está insatisfeito com seu corpo,

QUANDO TEMOS NOSSA
IDENTIDADE BEM DEFINIDA,
CONSEGUIMOS TOMAR
DECISÕES MAIS CONGRUENTES
COM A FORMA COMO NOS VEMOS.

então decide começar a correr também. Aqui, o *ambiente* passa a influenciar seu *comportamento*. Você pratica exercícios por alguns dias, até começa a desenvolver a *capacidade* de correr, mas depois fica um tempo sem treinar e, algumas semanas depois, quando percebe, já desistiu de correr e manter hábitos saudáveis. Você justifica para si mesmo: "Ah, esse não é meu tipo físico mesmo, sou mais gordinho naturalmente. Sem falar que o fulano tem mais tempo do que eu para se cuidar. Eu preciso trabalhar pesado para ganhar aquela promoção". Rapidamente suas *crenças* sobre hábitos saudáveis e corridas voltam para o que eram, e seu comportamento, também.

No entanto, imagine uma segunda situação. Você está um pouco acima do peso e não se alimenta bem. Vai ao médico e ele comenta que, se mantiver seus hábitos atuais, não terá muitos anos de vida. Nesse momento, você se lembra do seu filho, que ainda é uma criança. Imagina que deseja ter energia para brincar com ele e aproveitar sua infância e adolescência; você quer vê-lo se formar, se casar, e deseja estar lá para ampará-lo nos momentos difíceis da vida. Tudo isso passa na sua cabeça, pois, no nível de *identidade*, você imagina que esse é seu papel como pai. Quando pensa que talvez não esteja ao lado de seu filho nos anos futuros de sua vida, isso te deixa abalado. A *crença* de que manter hábitos saudáveis, comer bem e fazer exercícios é uma besteira rapidamente se altera, pois isso não é congruente com sua identidade de pai. Isso te leva a pesquisar sobre como se alimentar direito e até a contratar um personal trainer para te ensinar as técnicas corretas de corrida. Assim, você começa a desenvolver uma nova *capacidade*. Aos poucos, você incorpora esses novos hábitos em sua rotina e desenvolve um novo *comportamento*. Esse comportamento no longo prazo vai gerar um impacto no seu *ambiente*, fazendo com que esteja mais tempo ao lado de seu filho.

No primeiro exemplo, o que aconteceu foi uma mudança *remediativa*. Esse tipo de mudança ocorre entre os níveis do ambiente e do comportamento, mas, como o próprio nome diz, ela é apenas remediativa. Ela funciona, mas muitas vezes só durante um tempo, pois suas crenças, seus valores e sua identidade continuam iguais. Aí, quando você menos perceber, já voltou a seus hábitos e comportamentos antigos. Para esse tipo de mudança funcionar, geralmente é necessário que o novo comportamento se repita por tempo suficiente para a pessoa desenvolver uma nova capacidade, aos poucos alterar suas crenças e visões de mundo até que consiga mudar o modo como se enxerga, alterando, por fim, sua identidade.

No segundo exemplo, por outro lado, a mudança veio a partir do quinto nível neurológico, ou seja, você mexeu primeiro com sua identidade. Imaginou que não conseguir ser um pai presente iria totalmente contra sua identidade de ser um bom pai, o que gerou em você uma crença sobre a importância de hábitos saudáveis e de se cuidar, que, por sua vez, fez você correr atrás de desenvolver uma nova capacidade que se refletiu em novos comportamentos e impactou positivamente seu ambiente.

Essas mudanças que ocorrem de cima para baixo, ou seja, do quinto para o primeiro nível, são muito mais poderosas. Nesse nível, temos mudanças *evolutivas*, sustentáveis, pois buscamos desenvolver crenças, capacidades e comportamentos que sejam congruentes com nossa identidade. É por isso que, antes de realizar qualquer mudança, você deve buscar responder: "Quem é você?".

"Quem você quer ser?" "Que tipo de pai ou mãe você quer ser?" "Que tipo de líder você quer ser?" E, ainda: "Como você acha que está sendo visto hoje? É como você quer ou existe alguma incongruência?". "Que mensagem você quer passar?" "Que legado quer deixar?" "Que impacto quer causar onde quer que esteja?"

Quando você define sua identidade e o papel que deseja assumir, você começa a pensar em quais valores e crenças precisa ter. E qualquer impacto que temos em nossa vida – seja interno ou externo, mas que permita uma reavaliação em nossas crenças – é como se fosse um efeito dominó. Assim, ocorre uma mudança *generativa*, ou seja, diretamente no nível das crenças, dos valores e das capacidades. Por isso é tão importante tirarmos um tempo para refletir sobre nossa missão de vida em cada papel que assumimos e sobre nossa visão de futuro.

Vamos supor que você esteja tentando mudar o comportamento de outra pessoa. Vamos supor que você tenha um liderado e queira mudar o comportamento dele de chegar sempre atrasado. Você vira para ele e diz: "A partir de hoje, você está proibido de chegar atrasado, esse é um comportamento ridículo que não faz sentido!". É uma mudança remediativa que até deve funcionar por algum tempo, mas que logo irá retornar ao normal, pois o funcionário continua pensando: "15 minutos a mais ou a menos não muda nada. A cidade tem trânsito, é normal se atrasar, não dá para chegar sempre na hora". O fato de ele chegar atrasado provavelmente não diz respeito a uma falta de capacidade, mas sim a uma crença que ele desenvolveu. Essa é a realidade de uma grande parte das mudanças comportamentais. O nível de capacidade, a parte técnica, pode ser aprendido em um tempo relativamente curto, mas, se a pessoa não mudar suas crenças, não haverá uma mudança de comportamento significativa.

É por isso que ordens diretas muitas vezes não funcionam, pois ficam no nível do ambiente, assim como muitos treinamentos não funcionam, pois agem apenas no nível das capacidades. Para causar mudanças significativas no outro, preciso ajudá-lo a ressignificar sua identidade, o modo como se vê, seus valores e crenças, para só então desenvolver novas capacidades que vão levá-lo a uma mudança de comportamento efetiva.

O problema é que, quanto mais subimos na pirâmide dos níveis neurológicos, menos concretos eles são. Por isso, muitas pessoas e líderes têm dificuldade de atuar com eles e acabam focando nos três primeiros níveis neurológicos. Para modificar os níveis de crenças e identidades, é preciso mais do que pensar: é preciso ser capaz de trabalhar com sentimento e com emoção em nível profundo.

O nível do ambiente é o nível sobre o qual temos menor controle. Algumas pessoas podem estar em um mesmo ambiente e reagir a ele

PARA CAUSAR MUDANÇAS SIGNIFICATIVAS NO OUTRO, PRECISO AJUDÁ-LO A RESSIGNIFICAR SUA IDENTIDADE, O MODO COMO SE VÊ, SEUS VALORES E CRENÇAS, PARA SÓ ENTÃO DESENVOLVER NOVAS CAPACIDADES QUE VÃO LEVÁ-LO A UMA MUDANÇA DE COMPORTAMENTO EFETIVA.

de modo completamente diferente. Isso ocorre pois possuem diferentes identidades, se veem de maneiras distintas, possuem crenças diferentes, tendo desenvolvido capacidades diferentes ao longo da vida. Logo, cada uma se comportará de um modo específico frente ao ambiente e ao cenário que enfrentam.

É impressionante como um simples ambiente consegue influenciar a vida das pessoas. Talvez por isso muitos tenham a sensação de que é só mudar de ambiente que as coisas se resolvem. E tomam decisões importantes, sem entender de que forma aquele ambiente influenciou sua vida. Na prática, não adianta mudar de lugar se não mudamos nossa essência nem o que realmente desencadeia certos comportamentos.

Aqui citamos exemplos de apenas dois dos papéis que podemos assumir em nossa vida (de pai/mãe e de líder). Imagine o impacto do quinto nível em todas as áreas da sua vida. O nível de identidade, o "quem", molda nossa crenças e comportamentos e, consequentemente, quem somos. Qual o impacto na sua vida de se ver como o forte, ou como a pessoa que aprende rápido, ou como o melhor pai do mundo? Ao contrário, qual o impacto de se ver como vítima da sua vida, de se ver como quem não merece que algo bom aconteça, de ser ver como alguém incapaz?

A identidade é seu sistema operacional. O modo como você se vê como indivíduo vai moldá-lo como pessoa e vai moldar sua vida. A boa notícia é que podemos, sim, mudar nossa identidade, o modo como nos vemos. Afinal, quando você era criança, não possuía essa identidade. Você tinha poucas ou até nenhuma crença ou valores estabelecidos. O modo como você se vê e aquilo em que acredita foi sendo moldado ao longo do tempo, e você pode optar por mudar sua identidade, modificando, assim, os outros níveis.

A identidade que você estabelece para si é o norte de sua vida. Ela te dá a direção. A pergunta que fica é: "Para onde você vai?".

***

NÃO ADIANTA MUDAR DE LUGAR SE NÃO MUDAMOS NOSSA ESSÊNCIA NEM O QUE REALMENTE DESENCADEIA CERTOS COMPORTAMENTOS.

O grande empreendedor e palestrante americano Jim Rohn falava que nós somos a média das cinco pessoas com quem mais convivemos. Acredito nisso em parte. Sim, o ambiente nos influencia e muito, ou seja, se você convive com pessoas negativas, com energia baixa e reclamonas, aos poucos tende a se tornar igual. Porém, quando temos uma identidade forte, não deixamos o ambiente nos influenciar. Lembre-se do exemplo de Nelson Mandela, que ficou preso por mais de 30 anos e não se deixou influenciar pelo ambiente, pois tinha um propósito e sabia o que queria. Agora, se convivemos com pessoas otimistas, coerentes, corajosas, que nos impulsionam a acreditar em nós mesmos, nos tornamos também uma dessas pessoas.

Muitas empresas fazem mudanças expressivas no ambiente corporativo, o que acaba atraindo muitas pessoas. Mas essa atração só ocorre pelo ambiente em primeira instância. Quando a pessoa apenas reage ao ambiente, falta um propósito na vida: ela ainda precisa saber quem é.

Eu mesmo, quando era jovem, à medida que enfrentava desafios, ficava feliz sempre que era elogiado e reconhecido. E receber elogios era como vitaminas para a alma. Me preenchiam a tal ponto que eu me sentia literalmente "o cara". Por outro lado, quando eu tinha problemas, ficava tão desmotivado que meu estado de humor oscilava constantemente, já que o ambiente externo influenciava minha vida num nível absurdo.

Costumo dizer, hoje, depois de tanto aprendizado e transformações, que não devemos nos abalar nem pelos elogios nem pelas críticas. Porque, quando sabemos quem somos, não damos poder ao ambiente para que ele nos influencie tanto.

Ao mesmo tempo, procuro me conectar cada vez mais com pessoas que agregam valor ou me fazem ampliar a consciência em coisas sutis, e faço isso de forma consciente, porque sei que estar com pessoas que me puxam para cima pode fazer toda a diferença em alguns momentos.

Durante anos, nas empresas, fomos vítimas da falácia de que "basta uma mudança de comportamento para que determinado problema se

NÃO DEVEMOS NOS ABALAR NEM PELOS ELOGIOS NEM PELAS CRÍTICAS. PORQUE, QUANDO SABEMOS QUEM SOMOS, NÃO DAMOS PODER AO AMBIENTE PARA QUE ELE NOS INFLUENCIE TANTO.

resolva". Dessa forma, muitos acreditam que um simples feedback é suficiente para que qualquer colaborador ganhe uma nova roupagem e aja de forma diferente. No nosso programa Líder do Futuro, associamos o feedback ao impacto que gera em um nível de crenças e valores, por isso é tão efetivo.

Quantos livros sobre os "sete passos para mudar sua vida" não foram escritos? Quantos cursos motivacionais, em que as coisas parecem lindas durante um final de semana, mas voltam ao normal na semana seguinte, são ofertados no mercado?

Existe algo mais forte por trás de cada comportamento que é *o que gera* cada comportamento. E a grande maioria dos programas diz o que *temos* que fazer, mas nunca o *porquê* de termos que fazer aquilo.

Mesmo assim, sempre dei um voto de confiança para cada um dos *workshops* por onde passei. Andei sobre brasa, participei de dinâmicas e sentia que não estava sendo provocado a ponto de saber o que de fato eu tinha que mudar. Fazia tudo na tentativa de entender as coisas, mas aquelas regras e conceitos não tinham significado profundo quando eu os aplicava em minha vida.

O que temos que entender, de fato, é o *porquê* de cada comportamento. E eu me fazia essa pergunta, dia após dia. "Por que não estou tendo controle sobre isso?"

Se todos nós tivéssemos o hábito de observar os ambientes e os comportamentos que apresentamos nesses ambientes – sejam eles positivos ou negativos –, teríamos como avaliar nossas reações e entender como ir para o próximo nível.

Hoje, depois de tanto aplicar isso no meu dia a dia de treinamentos, quando vejo um comportamento de uma pessoa, é como se eu conseguisse ver um letreiro na cabeça dela e enxergasse seus modelos mentais e crenças. Se observamos qualquer pessoa, notamos que determinado comportamento se repete em vários ambientes, e temos que investigar qual o fator gerador desses comportamentos. Só assim as pessoas conseguirão mudar.

Uma das maiores lacunas das empresas é a capacidade de dar e receber feedbacks. Sabemos que existem inúmeros comportamentos essenciais em uma pessoa que sabe dar e receber feedback, como ter inteligência relacional, saber sentir o outro, empatia, assertividade e compaixão. Pois bem: quando temos essas capacidades desenvolvidas, conseguimos nos enxergar no outro, observar as situações e entender o jeito que podemos abordar o outro – e o próprio ambiente.

Vejo muita gente com uma incrível capacidade de funcionar 24 x 7. São pessoas que ficam reclamando 24 horas por dia e sete dias por semana. E isso também é uma capacidade, mas que gera comportamentos negativos. Uns até dizem "mas esse comportamento é mais forte do que eu!". E vou lhes contar uma coisa: é mesmo. Sabe por quê? Porque essa pessoa não consegue mudar a sua mentalidade. Se entendo que tenho que trabalhar o nível superior, no qual estão embutidos crenças, valores e modelos mentais, sou capaz de realizar mudanças mais profundas, como o próprio Robert Dilts fez em relação à sua mãe, em meados de 1982.

Como filho, ele via que muitas coisas estavam mudando para ela, e entendia que ela chegara a um ponto de transição. O filho mais novo estava saindo de casa, a firma do marido estava fechando, e ela via sua identidade ruir dentro do sistema familiar. Nesse momento, depois de um processo de mudança intenso, ela foi diagnosticada com um câncer de mama que gerou metástase no crânio, na espinha dorsal, nas costelas e na pélvis.

Dilts conta que, segundo os médicos, não havia nada que pudesse reverter aquele quadro. Então ele resolveu agir sobre as crenças dela: modificando crenças limitadoras e integrando conflitos importantes. Foi um trabalho intenso e profundo. Sua mãe, que teve uma melhora significativa em seu quadro de saúde, decidiu não mais seguir com o tratamento quimioterápico e, sete anos depois, quando ele escreveu o livro, ela estava com a saúde absolutamente perfeita, sem qualquer resquício da doença. A mulher nada um quilômetro por semana, vive uma rotina plena e prazerosa que inclui viagens e tornou-se fonte de inspiração para todos que sofrem de doenças consideradas fatais.

A única coisa que aquele homem fez com a mãe foi trabalhar suas crenças.

Isso será um tema-chave que iremos aprofundar nos capítulos posteriores. Será que sabemos quais crenças carregamos conosco dia após dia e quanto essas crenças podem afetar nossa vida?

QUANTO PESA SEU SACO DE CIMENTO?

"Podemos fazer tudo o que quisermos, se formos perseverantes."

Helen Keller

Tenho a sorte de conviver e aprender com pessoas maravilhosas em todas as áreas da minha vida. Sendo assim, procuro absorver o que há de melhor em cada ambiente por onde passo.

E é na casa da família da minha esposa, Érica, que ouço as histórias fantásticas do meu sogro, Manoel, um empreendedor intuitivo que começou a trabalhar desde muito cedo para construir uma empresa com uma base sólida, sem qualquer conhecimento atrelado aos negócios.

Certa vez, quando criança, seu Manoel estava com o irmão e o pai, carregando sacos de cimento nas costas. Cansado, com aquele fardo pesado, observou que o irmão levava apenas metade do saco. E começou a ficar inconformado com aquilo.

– Pai! – disse o pequeno Manoel. – Isso não é justo. Ele está levando metade do que eu estou carregando.

A primeira pergunta do pai foi:

– Filho, você está conseguindo levar esses sacos?

O menino respondeu que sim.

O pai olhou para o outro filho e questionou:

– E você, meu filho? Consegue levar mais?

O menino, suado e exausto, disse que aquilo era o máximo que conseguia carregar.

Então, o pai voltou-se para Manoel e afirmou:

– Filho, se a pessoa está carregando o máximo que ela pode carregar, é isso o que importa.

Para ele, que hoje é um empreendedor de sucesso, esse foi um dos maiores aprendizados que teve ao longo da vida. E experiências ficam coladas ao nosso DNA. É diferente do diploma que levamos depois de finalizar um curso superior, porque a experiência faz com que interiorizemos aquele ensinamento e o carreguemos por toda a vida.

Hoje sou da opinião de que temos que aproveitar todas as experiências que vivemos para aprender algo novo. E, quando estamos incomodados com algo, talvez seja melhor fazer como o seu Manoel, que exteriorizou seu sentimento para entender qual era a lógica do pai e saber como agir a partir daquela situação.

Nós podemos criar crenças a partir da repetição de comportamentos conscientes, como vimos no capítulo anterior. Aos poucos, à medida que percebemos o benefício do comportamento em questão, incorporamos aquele hábito em nossa vida.

Outra maneira de mudar é através de um forte impacto emocional. Quem assistiu ao longa-metragem *Divertida Mente* – cujo roteiro foi criado por um diretor que estudou psicologia durante três anos com um grupo focado em neurociência, simplesmente para que pudesse entender o que havia por trás do comportamento de sua filha – deve se lembrar que, quando sofremos um forte impacto, aquilo vai para a memória de longo prazo. Era assim que o filme ilustrava e é como realmente acontece dentro da mente: quando algo nos impacta, criamos uma memória base.

Já as memórias de curto prazo entram e saem da mesma maneira. Não criam nada novo. Isso acontece no nível neurológico das capacidades, quando somos submetidos a um conceito e ele não nos toca nem

EXPERIÊNCIAS FICAM COLADAS AO NOSSO DNA. É DIFERENTE DO DIPLOMA QUE LEVAMOS DEPOIS DE FINALIZAR UM CURSO SUPERIOR, PORQUE A EXPERIÊNCIA FAZ COM QUE INTERIORIZEMOS AQUELE ENSINAMENTO E O CARREGUEMOS POR TODA A VIDA.

provoca. O tal do "entra por um ouvido e sai pelo outro" é exatamente o que acontece nesses casos.

Já no nível de crenças e valores, quando há um impacto e nos lembramos dele, podemos aprender com isso. Mesmo que seja um impacto negativo. Todo mundo teve um chefe daqueles difíceis de esquecer – e eu já vi muita gente repetindo padrões aplicados pelos mesmos líderes que abominavam.

Certa vez, um engenheiro agrônomo me procurou, e notei que ele precisava de terapia e coaching. Estava deprimido, com dúvidas existenciais profundas, questionando seus papéis como pai e como marido, além dos problemas profissionais.

Entendi que eu conseguiria ajudá-lo, mas preferi encaminhá-lo primeiramente para uma ajuda especializada em aspectos emocionais, ou seja, terapia. Pois bem: um tempo depois, mais equilibrado, ele voltou. E me contou o que havia acontecido. Havia um diretor que caçoava dele nas reuniões, dizendo, sempre que ele abria a boca: "Se for para falar essas besteiras, melhor ficar calado".

Então, os pares, se espelhando naquele comportamento abusivo do líder, começaram a tirar sarro daquele profissional, assim como o diretor fazia. Era como se todos tivessem autorização para zombar dele na empresa.

Depois de um tempo, esse diretor foi mandado embora, e o presidente da empresa elegeu justamente esse engenheiro para cumprir a função interinamente. Ou seja, ele passou a liderar aqueles que outrora faziam pouco-caso dele.

Foi justamente nessa época que ele voltou para o coaching. Seus olhos pareciam soltar faíscas e seu objetivo era claro: queria vingança. Estava ferido, mas autoconfiante. E dizia que queria mandar todos os liderados embora.

– Você quer que eu te ajude a demitir seus colaboradores, é isso? – perguntei.

Ele respirou fundo. Estava mais decidido do que nunca e acreditava que era dessa maneira que lavaria sua honra.

Como eu sabia que era um cara ético, honesto e prezava ser um bom exemplo, e esses valores eram presentes nele, perguntei se aquilo era coerente com o que ele acreditava.

Ele ficou muito reflexivo e em silêncio. Então pedi que continuasse a frase:

– Se eu mandar todo mundo embora, eu serei...

Ele parou por alguns instantes e respondeu:

– Serei como meu ex-diretor.

Ficamos alguns minutos em silêncio e ele continuou:

– Quase destruí minha vida. Questionei meu papel como pai, como homem e como profissional, porque dei poder a alguém para me deixar nesse estado... Como pude?

Naquele dia, conversamos sobre como damos poder para que as pessoas influenciem negativamente nossa vida. Ao mesmo tempo, também podemos influenciar o outro de maneira positiva ou negativa.

Os psicólogos Robert Rosenthal e Lenore Jacobson fizeram um estudo em 1968 que deu origem ao que hoje é conhecido como "efeito Pigmaleão". O propósito do experimento era confirmar a hipótese de que a realidade pode ser influenciada pela expectativa dos outros. Essa influência pode ser negativa ou positiva, dependendo do rótulo que cada indivíduo recebe. Os dois psicólogos dividiram uma classe em dois grupos, ambos com alunos com a mesma capacidade intelectual, e disseram ao professor que metade da sala tinha uma capacidade acima do normal e a outra metade era composta de alunos dentro da média.

O que aconteceu foi que, alguns meses depois, quando todos os alunos foram testados, o grupo rotulado como tendo alunos melhores obteve notas bem mais elevadas que as do outro grupo.

Isso provou que o professor agia e enxergava cada grupo de maneira diferente – dessa forma, a profecia se tornou autorrealizável, já que, quando se esperava pouco daqueles alunos, eles internalizavam aquele rótulo negativo e tornavam-se menos bem-sucedidos que os alunos do outro grupo.

Mesmo que a expectativa fosse inconsciente, aquela profecia se realizaria de qualquer maneira.

Algumas perguntas fazem com que consigamos identificar e reprogramar inúmeras crenças e valores. O que eu quero agora é que você pare de ler este livro por um instante, respire fundo e responda com seu coração:

"Se você descobrisse que só tem seis meses de vida, o que você faria?"

Com esta resposta em mãos, você será capaz de encontrar seus principais valores. Mesmo que você responda algo como "Eu pularia de paraquedas", conseguimos extrair daí alguns valores, como liberdade, coragem, entre outros.

A segunda pergunta é:

"Que coisas você faria se não tivesse nenhum tipo de impedimento?"

Quando refletimos sobre essas duas perguntas, abrimos um universo de possibilidades e, inevitavelmente, nossa mentalidade. A questão é que não sabemos se vamos morrer amanhã ou se viveremos mais 50 anos. E, se paramos para listar tudo aquilo que faríamos até o final de nossa vida, entendemos que já passou da hora de buscar aquilo que queremos para nós.

Essas provocações resultam em um forte impacto emocional no nível de crenças e valores porque fatalmente geram uma experiência, além de reflexões que fazem a gente rever nossos conceitos.

Quando fazemos questionamentos profundos, revemos alguns pontos de nossa vida para chegarmos aonde queremos estar. Qual é o seu

QUANDO FAZEMOS
QUESTIONAMENTOS
PROFUNDOS, REVEMOS
ALGUNS PONTOS DE NOSSA
VIDA PARA CHEGARMOS
AONDE QUEREMOS ESTAR.
QUAL É O SEU PROPÓSITO
E SUA VISÃO DE FUTURO?

propósito e sua visão de futuro? Se sabemos quem somos, aonde queremos chegar, e isso é forte, isso constrói nossas crenças, que por sua vez são externalizadas em nossos comportamentos

Essas perguntas são feitas para que possamos ampliar nossa consciência e gerar uma mudança. Porque a consciência desencadeia um novo comportamento, mesmo que não haja ação – pode ser uma postura, um sentimento, uma emoção.

Quer conhecer uma maneira para provocar tudo isso? É o que vamos fazer agora.

LINHA DO TEMPO DA VIDA

6

> "Os seres humanos podem alterar sua vida
> simplesmente mudando suas atitudes."
>
> *William James*

Quando eu tinha 7 anos, um bujão de gás explodiu perto de casa durante a madrugada. Eu não acordei, mas no dia seguinte presenciei a movimentação no bairro, já que aquilo ocorrera a uma distância de dez casas da nossa.

Lembro que fiquei extasiado e perturbado com a notícia. Lamentei não ter presenciado aquele fogaréu, e queria imaginar como era a chama. Peguei um fósforo e fui até o quartinho onde guardava os brinquedos. Eram brinquedos que ganhávamos do meu pai no fim do ano e ficavam guardados dentro de um saco.

Assim que risquei o fósforo, aquela chama encostou no saco e começou a incendiar o plástico do primeiro brinquedo. Apavorado, comecei a chorar e gritar por socorro.

Meus pais correram e encontraram aquele cenário, e enquanto se perguntavam como aquilo tinha acontecido eu chorava de medo que eles descobrissem que eu tinha sido o autor da infração.

Minha mãe me abraçou, aliviada com o fato de eu não ter me machucado, e omiti que tinha sido eu mesmo que havia riscado o fósforo.

Só que aquela mentira não me deixou em paz. Durante a noite, eu acordava toda hora, e, na manhã seguinte, olhei com dificuldade para os olhos dos meus pais, como se eles soubessem o que eu tinha aprontado.

Aquele sentimento me perseguiu até o dia em que resolvi revelar a façanha. Eles ficaram preocupados, me puseram de castigo e, de certa forma, mesmo estando de castigo, fiquei aliviado por ter dito a verdade.

Esse episódio, entre tantos outros em minha vida, me fez perceber a importância da verdade para mim. E é por isso que hoje prezo tanto a transparência e tenho ojeriza à mentira.

Quando traçamos nossa linha do tempo, resgatamos os acontecimentos pessoais e profissionais, retornamos ao passado para saber quem somos e nos conectamos com quem somos agora. Contar nossa história nos conecta com as outras pessoas, e esse resgate da nossa linha do tempo nos enriquece, porque a história pessoal de cada um sensibiliza e gera compaixão.

O convite que faço agora é que você trace a sua linha do tempo e a compartilhe com alguém próximo para sentir o poder disso.

Em certas situações, achamos que não saberemos o que fazer, mas, quando resgatamos nossos momentos impactantes, entendemos a força que carregamos dentro de nós. E isso nos traz uma energia que serve de combustível para que alcancemos nossas metas. Redigir nossa linha do tempo é resgatar histórias nas quais nossos recursos e habilidades ficam a postos para definirmos uma meta e realizá-la, criando uma predisposição para os próximos passos.

Desenhe agora uma linha reta e escreva nela os principais pontos de sua trajetória pessoal. Em outra linha, paralela, marque seus pontos profissionais. Suas conquistas, suas vitórias e até mesmo suas derrotas.

Feito isso, analise as duas linhas do tempo e faça alguns questionamentos, como os que proponho a seguir. Isso te dará força para reescrever sua história daqui para a frente e fazer escolhas conscientes.

QUANDO TRAÇAMOS NOSSA LINHA DO TEMPO, RESGATAMOS OS ACONTECIMENTOS PESSOAIS E PROFISSIONAIS, RETORNAMOS AO PASSADO PARA SABER QUEM SOMOS E NOS CONECTAMOS COM QUEM SOMOS AGORA.

Lembre-se: estou te dando a chave, mas a porta da mudança só pode ser aberta por dentro, por você mesmo. Não desperdice essa oportunidade.

REFLEXÕES PARA A LINHA DO TEMPO

- Quais foram seus aprendizados ao elaborar sua linha do tempo?
- Que emoções estavam presentes nos momentos mais marcantes de sua vida?
- Que emoções você evitou em algumas situações?
- Que valores estavam presentes?
- Que valores estavam ausentes?
- Quais eram os seus objetivos em cada um desses momentos?

Observação: Anotar os marcos mais importantes, as emoções e os valores.

CONTANDO UMA NOVA HISTÓRIA

7

> "Faça um pouco mais a cada dia do que você
> possivelmente pensa que pode."
>
> *Lowell Thomas*

O kitesurf é um esporte apaixonante. Você o pratica em total sintonia com a natureza. Sente o vento no rosto, invade o mar e respeita os limites que o vento impõe, entrando num fluxo cheio de harmonia. Ao mesmo tempo, é como se o corpo respondesse aos comandos da mente organicamente. Toda vez que o pratico, sinto uma conexão fora do normal – com a natureza e com o mundo todo. Minha energia se expande e entro em uma espécie de estado meditativo, esvaziando minha mente de todo lixo mental, enquanto sinto meu corpo fazer os movimentos certos.

A sensação quando se sai do mar é extraordinária. Como se a vida invadisse cada poro e você sentisse uma profunda conexão espiritual com a existência. Uma força desperta de dentro e a gente se sente verdadeiramente entregue.

Só que, para eu chegar a esse estágio, demorou muito.

Na primeira vez que entrei no mar para aprender tal esporte, as dificuldades eram grandes, e minha inabilidade me traía constantemente.

No segundo dia, mesmo com mais intimidade com o esporte, a distância entre a performance desejada e a real era tão grande que quase pensei em desistir. Só que o propósito estava bem definido, então, enquanto observava aqueles caras fazendo o que eu queria fazer, lá no meio do mar, pensava comigo mesmo: "P.A., o que te impede?".

Me lembro que, naquele dia, presenciei algumas desistências. Pessoas que tinham acabado de começar, que pareciam apaixonadas no primeiro dia, sentiram a dificuldade e começaram a contar algumas histórias para si mesmas. Uma delas disse que "aquilo não era para ela mesmo". Outra falou que talvez devesse buscar outro esporte.

Na verdade, cada um criava uma história para si mesmo, na tentativa de se enganar. Como se a mente esperasse um pequeno motivo para concordar.

Mas eu estava decidido: enquanto cada uma daquelas pessoas desistia, eu pensava na qualidade de vida que teria assim que tivesse dado aquele passo seguinte, e sabia que, se fosse adiante, aquilo impactaria diretamente minha qualidade de vida.

Portanto, decidi insistir até conseguir o resultado desejado.

Até que um dia, depois de ter reunido mais de 40 horas de treino desde que começara a praticar o esporte, coloquei o pé na água e entrei no mar, deixando os movimentos fluírem. Desliguei a mente e consegui sentir o que havia aprendido mecanicamente. Enquanto estava com a mente conectada aos movimentos que tinha que realizar, não conseguia deixar fluir. E foi a combinação entre a técnica (que tanto me ensinou a ter habilidades que eu não tinha) e a permissão que dei a mim mesmo de me soltar no mar (deixando que uma aventura tomasse conta daquela experiência de vida) que fez com que eu finalmente sentisse o prazer que eu tanto buscava naquela atividade.

Era fascinante perceber quanto parecia fluido e orgânico. Ao mesmo tempo, era curioso, já que, para alcançar aquele nível, eu tinha passado por desafios, vontade de desistir e mais de 40 horas de treinos.

Um atleta de elite treina inúmeras horas por dia e seu objetivo é ganhar a prova. No nosso dia a dia, temos inúmeros objetivos – mesmo que sejam apenas superar a nós mesmos em diferentes áreas. Será que treinamos o suficiente para ter resultado?

Quando vemos alguém bem-sucedido em alguma área, fisicamente energizado, com um propósito forte, bem-estar emocional e estabilidade financeira, logo imaginamos que aquela pessoa simplesmente "caiu" naquela vida e conseguiu lidar com os desafios com facilidade. Não imaginamos tudo que ela passou ao longo da vida – nem quantas horas de aprendizado teve para que conseguisse alcançar a performance que tem naquele momento.

Assim como é preciso treino para praticar qualquer esporte, a vida requer treino. Mas poucos se submetem ao aprimoramento pessoal. Muitos, como aqueles amigos que desistiram das aulas logo no começo, acabam deixando os sonhos para trás e esquecendo o que os moveu até ali.

Mas como contar uma nova história para nós mesmos quando tudo ao nosso redor diminui nossos sonhos? Como podemos criar conversas internas que nos movam em direção ao nosso objetivo?

* * *

Um amigo meu, que no passado era apenas um cliente, certa vez chegou a mim com um apelo. Seus olhos pareciam tristes e sua expressão era de fracasso.

– Preciso de um coach espiritual – ele disse, na lata.

Aparentemente, ele tinha a vida ganha. Era bem-sucedido, parecia ter nascido em berço esplêndido. Mas, como dinheiro não compra paz de espírito, dizia que o que queria, na verdade, era paz.

Foram meses de trabalho com ele, que vivia sendo "sugado" por falsos amigos que o seduziam, mas nada agregavam para seu crescimento. Aos poucos, começou a fazer escolhas acertadas, tendo uma visão sistêmica de sua vida. E, além de extremamente dedicado, ele tinha um diferencial que me tocou.

ASSIM COMO É PRECISO TREINO PARA PRATICAR QUALQUER ESPORTE, A VIDA REQUER TREINO. MAS POUCOS SE SUBMETEM AO APRIMORAMENTO PESSOAL.

Certo dia, muito tempo depois de terminar as sessões de coaching, viajamos juntos e fui brincar com seu filho de superpoderes. Estávamos na praia e perguntei que superpoder ele queria ter. Avisei logo que eu queria a invisibilidade. O menino, com seus 6 anos recém-completos, disse:

– Meu poder é do amor.

Parei de falar, atento, e continuei ouvindo aquela degustação da sabedoria do menino.

– Quando a gente ama, a gente tem tudo na vida. Esse é meu poder. Tenho também o poder da amizade, porque com amigos a gente fica mais feliz. Mas tenho um poder que ainda não desenvolvi, que é o da humildade.

Era como se eu estivesse falando com um adulto ou com um monge sábio. E, naquele momento, senti gratidão por ter feito parte da vida da pessoa que havia servido de referência para aquela criança. Porque a troca nos abastece e nutre. Se eu havia contribuído com o crescimento de seu pai, ambos haviam contribuído com meu crescimento – de tal forma que, daquele dia em diante, colocamos nos treinamentos da minha empresa, a Crescimentum, uma dinâmica de superpoderes, na qual contamos a história da criança, que tanto me tocou. Hoje esse meu amigo – o cara com o coração mais puro e nobre que conheço – tornou-se uma referência para mim como pai e é inclusive padrinho da minha filha.

Imagino que, assim como esse menino, todos nós nascemos com superpoderes dentro de nós. Só que, aos poucos, vamos perdendo a capacidade de acreditar que os temos. Vamos, dessa maneira, perdendo o brilho. Ou, pior ainda, escondendo esse brilho que nos faz únicos e especiais.

Em Bangkok, na Tailândia, existe a estátua de um Buda de ouro maciço que foi criada em 1238. Cerca de 500 anos depois, quando os birmaneses sitiaram a cidade, a imagem ganhou um revestimento grosso de gesso e várias camadas de tinta da cor de ouro – tudo isso para esconder o ouro verdadeiro. Dessa forma, a estátua foi salva do saqueamento.

Durante dois séculos, o real valor da estátua foi mantido em segredo, até que, em 1955, os monges decidiram mover a estátua de lugar e levá-la a um novo edifício. Durante o processo de remoção, um dos cabos que a sustentava se rompeu e a estátua caiu, deixando todos absolutamente perplexos. Todo mundo imaginou que aquela queda era um mau presságio, e, por isso, a estátua tão valiosa foi abandonada ali. Naquela noite, caiu uma tempestade na cidade, deixando tudo inundado. Logo depois, quando voltaram ao trabalho, os monges perceberam uma rachadura na imagem. Quando foram verificar de perto, notaram que, por dentro das lascas, havia um brilho. Um dos monges arrumou um martelo e um cinzel e continuou o trabalho. Depois de algumas horas, ele viu que o Buda era de ouro maciço. E aquela luz iluminava a todos.

No processo de desenvolvimento pelo qual passamos, a vida – por proteção ou por não saber quem de fato somos – deposita essas camadas sobre a gente. Mas, quando expandimos a consciência, vamos retirando essas camadas – e revelando o brilho que temos por dentro.

Todos vão passar por essa expansão da consciência. Em alguns momentos, haverá sombras, porque sem elas não conseguiríamos perceber a luz. Devemos acolher as sombras ao invés de criar camadas e camadas para esconder nosso brilho.

Quantos de nós não vamos perdendo o brilho ao longo da vida?

* * *

Um dos maiores desafios do ser humano hoje é *energia*. Estamos vivendo uma crise de energia. Nos escondemos sob máscaras que criamos para nos proteger, e também vamos perdendo vitalidade conforme caminhamos contra o tempo. Costumo dizer que não adianta ter paixão e propósito se não tiver energia para colocar os objetivos em prática.

Muitos têm paixão e propósito para chegar lá, desenvolvem algumas competências, mas não têm energia. Vai funcionar? Não. Ao mesmo tempo, se eu tenho energia, mas não tenho paixão nem crenças que podem me alavancar, vai funcionar? Também não.

Os líderes que tenho acompanhado nos últimos anos são apaixonados pelo que fazem, têm crenças fantásticas e muita energia, além de clareza de valores.

Precisamos ter paixão, um modelo de crenças que nos potencialize e energia e vitalidade para realizar tudo isso, sendo congruente com nossos valores, além de habilidades de comunicação e relacionamento, entendendo como mobilizar e inspirar pessoas para conseguir o que se quer.

Mas será que todo mundo sabe o que é energia?

Já parou para reparar que algumas pessoas nos fazem sentir vontade de estar perto delas? Elas podem aparentemente ser pessoas comuns, mas na verdade são extraordinárias. Elas, na maioria das vezes, estimulam estrategicamente alguns impulsos para levar uma vida energizada em todos os aspectos. São pessoas comprometidas com a própria qualidade de vida, entusiasmadas, engajadas com o próprio bem-estar e satisfeitas em todas as áreas da vida.

Eu já fui o cara que se arrastava pela vida, simplesmente tentando reunir energia suficiente para sobreviver. Ando pela rua e vejo inúmeras pessoas nesta mesma situação: se arrastando e mal esperando pela hora de chegar em casa e cair no sofá. São pessoas que simplesmente não percebem a realidade que vivem.

Mas, quando estamos com pessoas energizadas, flagramos uma energia constante. Pessoas confiantes, animadas, envolventes, com uma habilidade ímpar de emitir uma energia firme, positiva e constante. Aparentemente, essas pessoas se conectam melhor umas com as outras, aprendem com os próprios erros e dividem corajosamente o aprendizado que tiveram.

Energia é um fator fundamental. Então, temos que aprender a gerenciar e expandir a energia.

CONTANDO UMA NOVA HISTÓRIA **95**

MUITOS TÊM PAIXÃO E PROPÓSITO PARA CHEGAR LÁ, DESENVOLVEM ALGUMAS COMPETÊNCIAS, MAS NÃO TÊM ENERGIA. VAI FUNCIONAR? NÃO. AO MESMO TEMPO, SE EU TENHO ENERGIA, MAS NÃO TENHO PAIXÃO NEM CRENÇAS QUE PODEM ME ALAVANCAR, VAI FUNCIONAR? TAMBÉM NÃO.

Os pontos de atenção relacionados à energia devem ser observados. E estou me referindo aos cinco tipos de energia, que são:

- espiritual;
- mental;
- emocional;
- financeira;
- física.

Para ser como essas pessoas extraordinárias, devemos decidir nos transformar. Desejar, ardentemente, que nossa vida tenha essa tônica e, além disso, tomar atitudes que nos levem para esse caminho, porque acredito que atitude traz poder pessoal. E alguém movido por esse poder consegue ter uma visão ampla da vida, com sentido, sem se perder nem deixar escapar energia o tempo todo.

Quem consegue levantar de manhã sem paixão, sem valores ou um grande motivo? É a isso que me refiro quando falo de *energia espiritual*. As pessoas com energia espiritual não necessariamente são religiosas, mas estão conectadas com valores espirituais e com um senso de propósito intocável, dedicadas a ser a melhor pessoa que podem ser. Também são pessoas com força para se manter bem diante dos desafios da vida.

Mas não é apenas isso. Alguém com paixão e propósito pode ir até certo ponto, mas não se mantém de pé sem dinheiro. Por isso a *energia financeira* também é um ponto a ser fortalecido.

Se a energia espiritual está relacionada com força, a *energia mental* está relacionada com foco – e principalmente com a qualidade do pensamento. Percebo hoje nos treinamentos que 80% do foco das pessoas está tentando evitar o que não gostaria de sentir. Ao invés de estarem focadas no que gostariam de sentir. É fundamental que nos autoeduquemos para que possamos expandir nossa consciência e afinar a qualidade dos pensamentos que mantemos.

Quando sabemos nosso foco, ajudamos nossa mente, através do pensamento, a criar um círculo virtuoso e alimentar emoções e sentimentos positivos em relação às coisas. Dessa forma, nossas emoções e estado de espírito acompanham nossa mente constantemente, porque, se focamos nossa atenção em algo negativo, nosso cérebro é como um ímã que atrai aquilo que queremos para nós.

É como se, ao pensarmos nos medos e aborrecimentos, criássemos lixo mental e não tivéssemos controle sobre nossa vida. Se queremos um estado mental coerente com nossos objetivos, precisamos treinar nossa capacidade de ajustar nossos pensamentos ao padrão que escolhermos. Através dessa autodisciplina, nos tornamos mestres de nós mesmos.

Quando focamos, evitamos a distração e nos fortalecemos emocionalmente, percebendo, assim, como está nossa energia pelo resultado do que ela traz. Se estamos emocionalmente conectados com o que queremos, estamos alinhados e comprometidos com nossa *energia emocional*. E hoje o que mais vemos são lugares onde as pessoas estão completamente desconectadas umas das outras. Entramos em restaurantes e observamos pessoas conectadas no Wi-Fi e desconectadas de quem está diante delas.

É assustador como reagimos emocionalmente ao externo, nos esquecendo que podemos ser mestres das emoções, à medida que filtramos aquilo que queremos receber através de nossos pensamentos.

Já percebeu que, além disso, quem está desconectado do outro está constantemente desconectado de si mesmo? Vive a vida para se entupir de prazeres momentâneos aos finais de semana e acordar às segundas-feiras se arrastando como se o mundo fosse acabar.

A qualidade da energia com a qual essas pessoas chegam ao trabalho no início da semana é desmotivadora. Alguns líderes só conseguem reagir ao ambiente e distribuir agressividade, por falta de paciência. Outros, contaminados pela raiva, são taxativos e responsabilizam a equipe por todos os resultados ruins, sem perceber que são líderes absolutamente desconectados e desenergizados.

Hoje trabalho com líderes que entusiasmam os outros por meio da presença e fazem com que as pessoas sintam a energia no ar. Eles conseguem mudar o ambiente através de uma atitude mental positiva, que alavanca sentimentos de qualidade superior e trazem resultados extraordinários.

Evidentemente, como todas as energias estão conectadas, esses líderes também fazem com que os resultados financeiros da empresa sejam acima da média. Logo, a energia financeira também é influenciada por todas as outras.

Poucos têm o domínio das emoções. A maioria se deixa levar por elas, sem transmutar os sentimentos ou entender que certos sentimentos podem trazer mal-estar físico e contaminar negativamente todo o ambiente. Quando estamos emocionalmente conectados e mentalmente equilibrados, dificilmente somos levados pela força dos acontecimentos externos. Logo, conseguimos os resultados que queremos.

Já a *energia física* é o nosso tanque de combustível, ou seja, significa estar fisicamente energizado, através da nossa alimentação, da hidratação, do sono e da atividade física. Por meio do estresse físico podemos expandir e gerenciar melhor nossa energia física. Ela é extremamente importante para o nosso bem-estar.

Na hora de escrever sua linha do tempo (conforme vimos no Capítulo 6), entendendo o que te move e aonde você quer chegar, é importante se munir das ferramentas certas, para que elas possam alavancar e potencializar sua vida.

Uma vida extraordinária requer compromisso. E esse compromisso é seu. A única pessoa que irá colher os frutos dessa jornada é você mesmo.

Para que isso seja possível, temos que entender que os altos e baixos fazem parte da jornada, mas sem deixar que os baixos te derrubem e os altos te elevem tanto a ponto de você se sentir deprimido quando não estiver em estado de êxtase. Uma vida em harmonia é quando você entende todas essas energias como parte da trajetória e consegue levar uma vida estável em todos os níveis, fazendo com que a sua performance – como pai, filho, profissional – seja aquela que você quer atingir.

QUANDO ESTAMOS
EMOCIONALMENTE CONECTADOS
E MENTALMENTE EQUILIBRADOS,
DIFICILMENTE SOMOS
LEVADOS PELA FORÇA DOS
ACONTECIMENTOS EXTERNOS.
LOGO, CONSEGUIMOS OS
RESULTADOS QUE QUEREMOS.

Quando nos nutrimos espiritualmente, ficamos também emocionalmente fortes. E, quando estamos fortes emocionalmente, energizamos as pessoas ao nosso redor, cuidando de quem amamos e nos conectando de verdade com o outro. Nós nos tornamos capazes de inspirar.

Assim, emoções geram comportamentos. E o grande segredo é gerar um *comportamento* positivo ao sentir uma *emoção* negativa. Mesmo que pareça impossível não reagir a determinadas emoções negativamente, é importante que saibamos nos fortalecer emocionalmente para sabermos lidar com intempéries. Por exemplo, se você sentiu um nó na garganta quando alguém veio te incomodar, conte até dez, respire profundamente e procure entender por que teve essa emoção, o que de fato o incomodou, se vale a pena nutrir esse sentimento negativo. Quando nos antecipamos ao comportamento negativo, conseguimos desenvolver formas de evitá-lo.

Ao nutrirmos emoções boas, escolhemos o que queremos sentir, e isso se torna presente em todas as nossas relações. Vejo muitos executivos distantes de suas equipes de trabalho e de suas famílias por inabilidade de ter uma vida inspiradora e inteligência emocional. São aqueles que chegam em casa e destroem as relações por impaciência, por não conseguirem suportar a pressão dos ambientes por onde circulam.

Nosso estado de espírito resulta em ações que podem destruir nossa vida sem que percebamos. Criamos um filme, exibido em nossa tela mental, que é influenciado pelo nosso estado de espírito.

Se eu recebo um feedback na empresa onde trabalho após um fim de semana em que fiz uma viagem fantástica, o impacto daquele feedback é diferente do que se eu o recebesse após um fim de semana que passei no hospital com minha filha doente.

Dessa forma, os níveis de energia estão interligados e se relacionam entre si. E estão conectados a nossos filtros e sistema de crenças, como veremos mais adiante.

Para mim, é fácil identificar as crenças por trás do comportamento de cada indivíduo. Mas, quando um conjunto de comportamentos prejudica uma pessoa, precisamos reavaliar as crenças que estão sendo prejudiciais.

Qual a intenção de desenvolver as pessoas? Provocá-las no nível de energia, para que saibam usar o mental a seu favor, entender o bem-estar físico que estão criando para si mesmas e que estratégias podemos criar para comunicar uma nova história de nossa vida, sem precisar a cada dia criar uma camada nova para nos proteger ou fingir sermos algo que não somos, como fizeram com o buda de ouro.

***

Voltando ao kitesurf, precisei ter foco, persistência e entender os momentos de frustração até poder virar a chave. Meu mental – ou seja, meu foco – precisou estar fortalecido para que eu pudesse sentir o que estava disposto a sentir, sem interferências negativas criadas por mim mesmo.

Acredito muito no estado de *flow*, de fluidez. E, quando pensamos muito em instruções, acabamos pensando em regras, e às vezes erramos. O psicólogo húngaro Mihaly Csikszentmihalyi, da Universidade de Chicago, escreveu um livro intitulado *A descoberta do fluxo*. Nele, o autor explica que a felicidade é como atingir o estado de fluxo, quando nos encontramos tão completamente imersos no que fazemos a ponto de perdemos a noção do tempo, de tanto prazer que vemos naquilo.

Foi ele quem descobriu que a maioria dos aspectos que dizem respeito à felicidade tem origem na mente e está conectada com a resiliência, a gratidão e a presença de altos níveis de emoções positivas. Sendo assim, para chegar a esse estado de *flow*, é preciso desenvolver habilidades para realizar determinada tarefa. Que é exatamente o que fiz quando me decidi por aprender o kitesurf – eu estava motivado, com foco e já conseguia entender como fazer aquilo.

Muitos atletas experimentam esse estado. Um exemplo é o tenista sérvio Novak Djokovic, que chegou à posição de número 1 do ranking mundial. Ele declarou em entrevistas que as vitórias consecutivas proporcionavam mais força mental e autoconfiança e, dessa forma, pareciam reunir de forma eficiente todos os aspectos envolvidos na preparação de um atleta. Ele estava física, técnica e psicologicamente bem – e, com isso, trazia excelência nos resultados.

Ao mesmo tempo, vemos atletas que são traídos por problemas de ordem pessoal, que carregam consigo, desabando emocionalmente e desequilibrando todo o resto.

O próprio Nuno Cobra, preparador físico de Ayrton Senna, diz que, para que o profissional esteja apto a competir, ele primeiro precisa ganhar uma batalha mental. Para ele, essa é a mais complexa de todas.

Hoje sei que o melhor coach é aquele que está bem consigo mesmo. Porque, se ele está com problemas emocionais e financeiros, por exemplo, é incapaz de ajudar o outro. Sabendo de tudo isso, consigo criar os melhores ambientes de trabalho para mim e olhar minha hierarquia de valores com mais atenção. Consigo observar as cinco energias de maneira que possam estar integradas umas com as outras.

Se você está fisicamente energizado, tem disposição. Porque, sem energia, você não é capaz de inspirar nem mesmo uma mosca. Quando somos capazes de pensar coisas boas, ficamos mais fortes, e não sofremos com as bombas mentais jogadas nos ambientes por onde circulamos.

Temos que usar nosso mental a nosso favor, sem nos tornarmos especialistas em mascarar sentimentos. O bem-estar emocional é proveniente disso, porque só obtemos benefícios na nossa vida se sabemos nos recarregar, enriquecendo nossa vida e a de quem está ao nosso redor, gerando saúde em todos os níveis.

A energia financeira é extremamente prejudicada quando não estamos no estado de fluxo, porque não somos capazes de dar e receber, e, principalmente, distribuímos crenças negativas em relação ao dinheiro, impedindo que nossa prosperidade chegue até nós. A atitude mental também pode colaborar com o crescimento financeiro ou impedi-lo. Ao mesmo tempo, a escassez financeira gera uma energia que é capaz de destruir até o mais implacável dos resilientes, ou fazer com que emoções como o medo destruam qualquer propósito. Estar sem dinheiro é o maior buraco de energia que pode existir.

A prosperidade material pode, sim, contribuir para o bem-estar em todas as outras áreas da vida. Porque naturalmente nos tornamos mais gratos quando reconhecemos as bênçãos entrando em nossa vida, sejam elas materiais ou não.

Para muitos, a própria vida espiritual pode estar intimamente conectada com a energia financeira, pois, através da generosidade, conseguem se conectar com propósitos maiores. E, dessa forma, sentem-se mais fortes. Muitos dos homens mais ricos do mundo afirmam que atingiram a riqueza através da conexão espiritual, já que colocaram seu propósito a serviço do todo – e, dessa forma, suas empresas e empreendimentos ganharam alma, além de vida.

A verdade é que vivemos num país sem educação financeira. As pessoas diminuem o tamanho dos sonhos para que eles caibam em seus limites ao invés de aumentarem suas possibilidades para conseguir chegar aonde querem. Afinal, lembre-se: todas as áreas estão inter-relacionadas e conectadas.

Eu mesmo já estive diante de um cenário de falência financeira que me impactou em todos os níveis e colocou a fé nos meus valores em xeque.

Por já estar calejado e já ter experimentado esse cenário, eu consegui dar a volta por cima. Intuitivamente, fui conectando todas essas energias. Comecei a me preparar fisicamente para correr, trabalhei minha energia mental através da meditação, e as mudanças foram alavancando novos hábitos em todas as áreas da minha vida.

O desafio talvez seja encontrar o ritmo da mudança, entendendo que podemos provocá-la de maneira positiva na nossa vida. Quando temos certeza do nosso propósito, vemos a vida de maneira positiva. E o emocional começa a responder a esse estímulo.

Gerenciar as energias é importante para entendermos o conceito da oscilação. Porque, às vezes, é preciso sair de cena em uma das áreas

MUITOS DOS HOMENS MAIS RICOS DO MUNDO AFIRMAM QUE ATINGIRAM A RIQUEZA ATRAVÉS DA CONEXÃO ESPIRITUAL, JÁ QUE COLOCARAM SEU PROPÓSITO A SERVIÇO DO TODO – E, DESSA FORMA, SUAS EMPRESAS E EMPREENDIMENTOS GANHARAM ALMA, ALÉM DE VIDA.

para que ela possa se desenvolver. Focando apenas na área financeira, a área emocional não se desenvolve bem.

Precisamos entender que existe uma diferença gritante entre "ficar focado" e "ficar 20 horas por dia na mesma tarefa". As pessoas passam, ineficientemente, horas a fio debruçadas em algo, quando poderiam oxigenar a mente fazendo outra coisa e levar aquela energia para a área que precisa crescer.

Quando eu corro, esqueço dos problemas e relaxo, e a descarga de hormônios faz com que eu me sinta bem para realizar outras tarefas. Isso cria força emocional. Quando você está o dia todo no trabalho e o emocional está ruim, vá para casa. Vá se relacionar com sua família, fazer sexo, cozinhar ou se envolver com algo que dê prazer.

Um atleta de elite não fica o tempo todo focado no treino, embora seja importante muitas horas de dedicação. O ideal é que ele oscile a energia física para alguma outra, por exemplo, que ele vá ler um livro, brincar os filhos, ouvir música etc. É fascinante perceber os rituais e comportamentos das pessoas muito bem-sucedidas. Elas mudam os estímulos para ter resultados e poder se desenvolver mais.

Todos os dias somos provocados a ter algum tipo de estresse, e todas as energias são estimuladas justamente através desse estresse. O estresse físico é estimulado pela atividade física; o mental e emocional, quando somos pressionados pelo ambiente e pelas tensões do dia a dia; o espiritual, quando somos provocados a agir em incongruência com nossos valores e propósito de vida, e por aí vai.

Qual é seu próximo passo? O que o está impedindo de dar esse passo? Que historinha você está contando a si mesmo que o impede de parar de fumar ou ter dinheiro? Que historinha você está criando em sua mente para evitar emoções positivas?

E, finalmente, de quantas camadas de tinta você se cobre diariamente para encobrir seu brilho natural?

AS SETE FLECHAS

8

"Sem emoção, a escuridão não pode se transformar em luz
e a apatia não pode se transformar em movimento."

Carl Jung

Como estudo constantemente as cinco energias – física, mental, espiritual, emocional e financeira –, me deparo com mestres em áreas específicas. São pessoas com as quais me relaciono por admirá-las, por termos valores em comum e por saber que posso absorver o conhecimento delas e aprender constantemente.

Zezito Duarte é uma dessas pessoas. Xamã de primeiro calibre, com anos de sabedoria nas costas, ele generosamente compartilha seu conhecimento no treinamento do Do Ego para a Alma, que conduzimos apenas duas vezes por ano, fazendo com que executivos tenham uma visão clara do que os limita na vida.

Mesmo quando está em silêncio, Zezito me convida a refletir. Foi com ele que aprendi a não confundir *poder pessoal* com *ego*. Enquanto poder pessoal é a forma como você age na vida em relação àquilo que aprende e como transforma conhecimento em sabedoria, ego é se autoafirmar, é aquilo que "achamos" que somos, colocando uma máscara diante dos outros. Com ele também me dei conta de que, quanto

ENQUANTO PODER PESSOAL É A FORMA COMO VOCÊ AGE NA VIDA EM RELAÇÃO ÀQUILO QUE APRENDE E COMO TRANSFORMA CONHECIMENTO EM SABEDORIA, EGO É SE AUTOAFIRMAR, É AQUILO QUE "ACHAMOS" QUE SOMOS, COLOCANDO UMA MÁSCARA DIANTE DOS OUTROS.

mais aprendemos, mais precisamos lembrar que nada sabemos e temos muito ainda a aprender. Isso é ter uma alma de aprendiz.

Mas, de todos os seus ensinamentos, o que mais tocou foi o conceito das Sete Flechas, que ele apresenta com tanta sabedoria.

Segundo Zezito, existem três tipos de flechas: a flecha escura ou de sombra, que é da ação; a flecha da luz, que é da reação; e a flecha do arco-íris, que é a da transmutação, ou seja, a que o universo devolve.

Quando atiramos uma flecha de luz para quebrar uma sombra, recebemos a flecha do arco-íris, para podermos caminhar na beleza. E caminhar na beleza seria simplesmente trilhar o caminho da vida seguindo nossa própria missão.

Dessa forma, as sete flechas escuras seriam: apego, dependência, julgamento, comparação, expectativa, síndrome da criança carente e autoafirmação. E as flechas de luz correspondentes seriam autoconsciência, autorreconhecimento, autoaceitação, autoamor, autoprazer, autocura e luz. Lançando tais flechas, o universo nos devolve insights, introspecção, confiança, equilíbrio, missão, inocência e abundância. Veja a Figura 8.1.

Figura 8.1 As sete flechas

Curioso foi que, quando comecei a refletir a respeito das sete flechas de sombra, percebi quanto elas estavam presentes em minha vida. O apego é uma de nossas maiores prisões. Nos apegamos a crenças, a conceitos, a técnicas, à rotina e até mesmo ao sofrimento. Sem falar no apego aos cargos, às pessoas que amamos ou aos lugares que frequentamos.

Com apego, não há autoconsciência. Se jogamos a flecha de luz no apego, conseguimos receber insights para criar soluções em nossa vida, de forma que não continuemos apegados aos velhos modelos que praticamos. Quando nos conscientizamos disso, a vida se torna movimento, e uma constante mudança se retroalimenta.

As expectativas também são flechas que nos deixam à mercê das sombras que perturbam nossa visão mais refinada. E só quando aceitamos a nós mesmos é que paramos de criar expectativas em relação aos outros.

O conceito das sete flechas conversa muito com tudo que desenvolvo dentro da Crescimentum. Acredito que, quando falamos de liderança, falamos de seres humanos que se tornaram líderes. E, para liderar alguém, você precisa, em primeiro lugar, ser líder de si mesmo.

Certa vez participei de um seminário chamado "A alma da liderança", do médico indiano Deepak Chopra. Lá, pude entender o papel da inteligência espiritual na transformação pessoal e social. Segundo Chopra, a alma é um sistema vivo, dinâmico e em evolução na consciência, composto de significados, contextos e relacionamentos, modelado pela memória e pela experiência.

Um líder é a alma simbólica de um grupo e age sempre como catalisador da mudança e da transformação. Se queremos ser a mudança que desejamos ver no mundo, como já dizia Gandhi, devemos entender melhor a nós mesmos, nossas intenções, e responder às perguntas que afligem nossa alma.

***

Nos meus treinamentos, sempre proponho o seguinte exercício, que convido você a fazer agora.

Num círculo, escreva a resposta para a pergunta "Por que quero ser um ser humano extraordinário?". A partir desse círculo, puxe 5 setas em diferentes direções e, para cada seta, faça um novo círculo. Escreva agora, em cada círculo, uma palavra que se relacione com sua primeira resposta. Por exemplo: se minha resposta é "Fazer a diferença na vida das pessoas", as palavras podem ser: "paixão", "integridade", "simplicidade", "crenças", "atitude" etc.

A partir de cada palavra escrita, puxe mais três setas e faça um círculo no fim de cada uma delas. Em cada um desses três novos círculos, escreva palavras relacionadas àquela que você escreveu no círculo anterior. Continuando com nosso exemplo anterior, a partir da palavra "paixão", você poderia escrever "motivação", "propósito", "significado".

Dessa forma, você fez um mapa mental com o significado da sua resposta, mostrando o que realmente é importante para você, e isso facilitará seu processo de reflexão e autoconhecimento para definir seus objetivos. Veja um modelo na Figura 8.2.

Agora que você finalizou esse diagrama, vamos fazer outro mapa mental, desta vez respondendo à seguinte pergunta: "O que você quer alcançar nos próximos 12 meses?".

Pegue outra folha em branco e faça um pequeno círculo no centro dela. Escreva nesse círculo a resposta à pergunta acima.

A partir desse círculo, puxe 5 setas em diferentes direções e, para cada seta, faça um novo círculo. Escreva uma palavra em cada círculo. Essas palavras devem estar relacionadas com a sua resposta, nesse caso, o que você deve ter ou fazer para alcançar esse objetivo, por exemplo: "controle", "foco", "disciplina", "influência" etc.

A partir de cada palavra, puxe mais três setas e faça um círculo no final de cada uma das setas. Em cada um desses três novos círculos, escreva palavras relacionadas com a palavra que você escreveu no círculo anterior.

Figura 8.2 Modelo de mapa mental

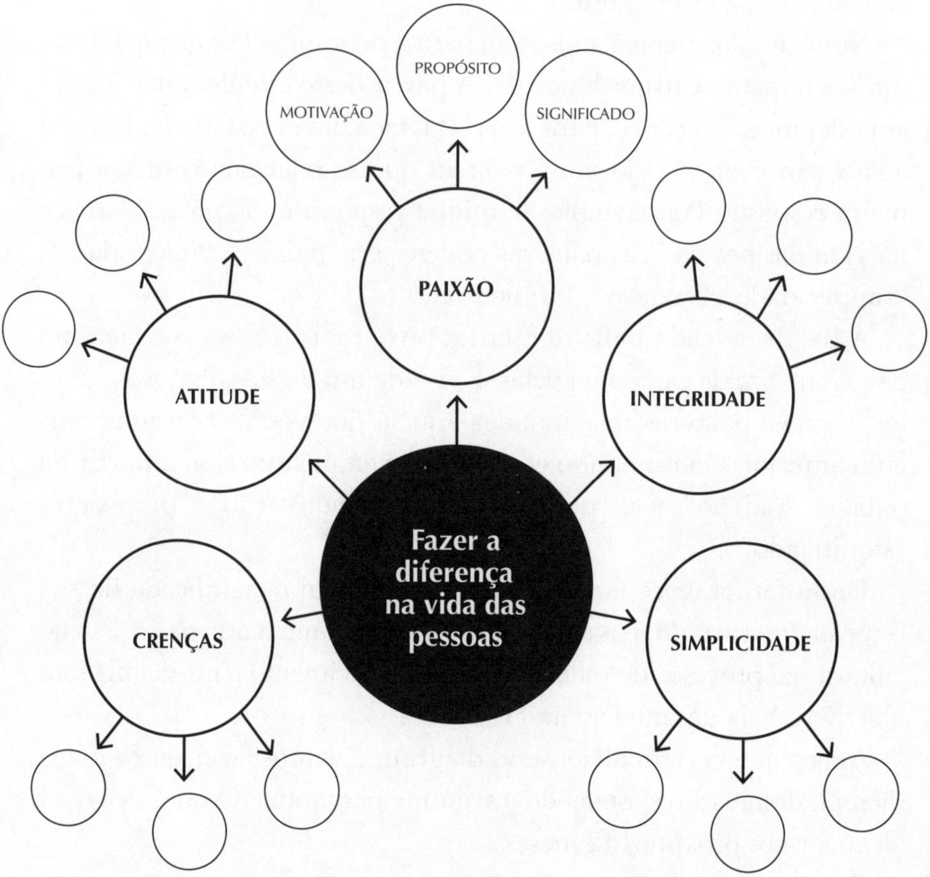

PROPÓSITO

MOTIVAÇÃO

SIGNIFICADO

PAIXÃO

ATITUDE

INTEGRIDADE

Fazer a diferença na vida das pessoas

CRENÇAS

SIMPLICIDADE

Agora que já traçou o que realmente tem significado para você e o que quer para os próximos 12 meses, para você alcançar esse resultado é preciso fazer a seguinte reflexão:

- O que você precisa continuar fazendo?
- O que você precisa parar de fazer?
- O que você precisa começar a fazer?

PARTE III
GPS DA VIDA

"Você é aquele que faz o futuro acontecer. Todos têm condições de fazer o futuro acontecer. É um dom que pode estar adormecido, que poucos sabem que têm. Esta é a natureza intrínseca de alguém que consegue viver na sua plenitude. É aquele que consegue ser um empreendedor ou um executivo, que vive seu momento de maneira equilibrada, em paz, com ética, partilhando seus conhecimentos, sucessos e experiências com seus colaboradores." – *Mário Enzio*

QUAL É O SEU IKIGAI?

9

"Todas as graças da mente e do coração se escapam
quando o propósito não é firme."

William Shakespeare

Como sempre, a semana tinha sido intensa. Eu me dedicava aos treinamentos com paixão, absolutamente envolvido com a vida de cada um que estava ali, prestes a transformar a si mesmo. Era como se eu acordasse todos os dias pensando em como era grato por fazer o que amava, ganhar dinheiro com isso, saber que aquela era a minha missão e, principalmente, por ter um feedback positivo das pessoas, por sentir que eu era bom naquilo.

Quando eu ouvia as pessoas contando suas experiências, revelando que haviam recalculado a rota da vida depois de terem passado por minhas provocações nos treinamentos, sentia, mais do que nunca, que estava no caminho certo. Aquilo me dava energia para viver.

Eu me lembro exatamente do dia em que, depois de uma semana intensa, com tudo isso em mente, defini minha missão suprema: "Me tornar um ser humano *integral* que seja exemplo de pai, filho, companheiro, amigo e líder, e que, através do amor, da verdade, da relação com a família, do entusiasmo e da aventura, inspire as pessoas a ter uma vida extraordinária". Isso foi no ano de 2008.

Também me recordo de todas as vezes que notei que estava vivendo aquilo que tinha me disposto a viver. Ser um ser humano integral era tão importante para mim que, quando eu me percebia descuidando de qualquer aspecto da minha vida, tratava logo de encontrar um ritual – mesmo que pequeno – para consertar aquilo.

Nem sempre deu certo. Certa vez, percebendo que eu andava pisando na bola com minha mãe, sem dar a atenção que ela merecia por anos de dedicação, me dispus a ligar todos os dias para ela, para conversarmos durante uns 15 minutos.

Era como inserir mais um dos rituais que tinha colocado na minha vida, para que coubesse nela tudo aquilo que ela poderia abarcar. Nesse ritmo, eu já tinha inserido a ida diária à academia, as meditações, o ritual de gratidão e tantos outros que haviam se tornado hábitos insubstituíveis.

Eis que, dentro da minha agenda, coloquei o novo compromisso: ligar para minha mãe diariamente.

No primeiro dia que o fiz, ela ficou feliz. Fazia tempo que eu não fazia uma ligação espontânea. Conversamos e senti meu coração se encher de paz. Falar com minha mãe fazia com que eu resgatasse minhas origens, me lembrasse de quem eu era e retribuísse com um pouco de atenção aquilo que ela merecia em maior escala.

Comprometido com o novo ritual, liguei no segundo dia. Feliz, ela me ouviu durante 15 minutos. No terceiro dia cumpri novamente essa tarefa da minha agenda. Queria que aquilo se tornasse um hábito.

Até que, depois de uma semana de ligações diárias, foi ela que me telefonou. Do outro lado, ouvi sua voz, preocupada:

– Preto, meu filho, me fala a verdade. Você está doente?

Sem entender, perguntei o que ela queria dizer com aquilo, e ela expressou seus medos:

– Filho, você nunca me ligou. De uma semana para cá tem me ligado todos os dias. Fico preocupada. O que está acontecendo?

Suspirei.

Tinha mudado a rotina tão drasticamente que ela não reconhecia meu gesto como genuíno. Tentei explicar que eu estava colocando esse ritual na minha agenda, porque queria ligar para ela todos os dias, e deixei escapar que tinha percebido isso durante um treinamento.

Ela perguntou:

– Você precisa de um treinamento pra lembrar de ligar pra sua mãe?

Depois daquele golpe na jugular, parei para pensar. Às vezes, fazemos – ou deixamos de fazer – tantas coisas porque estamos no automático que nos esquecemos do que é importante. E, se ela fazia parte do que era importante na minha vida, eu jamais deveria ter deixado de retribuir aquele amor e aquela atenção.

No fim das contas, pedi desculpas, afinamos a sintonia e continuei ligando para minha mãe até que aquilo se tornasse um hábito. Hoje, porém, a comunicação é por aplicativo de mensagens... (risos).

Naquela época, olhei novamente para a frase que representava minha missão, escrita em 2008, e observei todos os papéis que desempenhava em minha vida. Eu queria ser um pai e um filho extraordinário. Mas, para que eu não desistisse de seguir por esse caminho diariamente, precisava criar um caminho neural para me lembrar disso.

Eram essas coisas que faziam com que eu sustentasse meu propósito. Se acordava às cinco da manhã para treinar, era porque sabia que aquilo ia impactar minha performance no trabalho – e, por tabela, refletir no rendimento da minha equipe, porque só temos o melhor quando doamos o melhor de nós mesmos.

Já tinha percebido que, para ser um filho melhor, eu precisava fazer alguns ajustes. Tinha dado um tiro no pé ligando todos os dias para minha mãe e fazendo com que ela achasse que eu era um doente em fase terminal.

Mas nunca é tarde para mudar nossa história. Nunca é tarde para adquirir um hábito que pode modificar uma relação que anda desgastada ou que não é mais tão próxima como antes.

NUNCA É TARDE PARA MUDAR NOSSA HISTÓRIA. NUNCA É TARDE PARA ADQUIRIR UM HÁBITO QUE PODE MODIFICAR UMA RELAÇÃO QUE ANDA DESGASTADA OU QUE NÃO É MAIS TÃO PRÓXIMA COMO ANTES.

Esperamos muito do outro, mas não nos dedicamos com intensidade às relações que importam. E, quando detectamos isso através do nosso radar, conseguimos colocar tudo em uma nova perspectiva – e temos o controle das coisas e da nossa vida.

Às vezes não priorizamos certas áreas da vida porque outras parecem mais importantes. E só damos o devido valor quando a corda arrebenta daquele lado. Não investimos tempo porque o dia a dia nos consome, mas aquilo é importante. Vamos contando uma velha história para nós mesmos e seguindo a mesma vida, esperando resultados diferentes. E, como já dizia Einstein, insanidade é fazer sempre as mesmas coisas esperando resultados diferentes.

Se 95% do que fazemos é inconsciente, precisamos, cada vez mais, tomar as rédeas do que queremos para nossa vida. E tomar as rédeas é entender o que realmente importa.

* * *

Outro dia, um amigo me contou que achava que a aposentadoria era uma espécie de nirvana. Seu sonho era deixar para a velhice a realização de todos os sonhos. Quando contei a ele que, de acordo com a ciência, quem trabalha mais tempo vive mais, ele ficou ressabiado. Não lhe parecia muito atraente fazer o que faz hoje até o fim de sua vida.

E a verdade é que, além do fato de que manter o cérebro ocupado faz bem para o corpo, a receita da longevidade parece se aproximar cada vez mais de um estilo de vida no qual a pessoa faz o que gosta. Aprendi isso quando soube de uma peculiaridade interessante da ilha de Okinawa, no Japão. Lá, todo mundo sabe que se aposentar e ficar de pernas pro ar é considerado extremamente prejudicial à saúde, porque desconecta a alma do seu "ikigai".

Quando contei isso para esse amigo, ele ficou curioso para entender o que eu estava falando.

– Ikigai – expliquei – pode ser traduzido como "uma razão para sair da cama de manhã".

Ele me olhou de um jeito diferente. Enfrentava uma crise tremenda no trabalho, fazia o que fazia porque tinha herdado a empresa do pai, mas não via nenhum sentido em levantar da cama e se dirigir ao escritório.

Expliquei que não se tratava de arranjar um novo emprego, mas em dar significado para a vida. E os habitantes de Okinawa sabem disso como ninguém – há até um livro que conta que esse é o segredo para uma vida longa e feliz. Lá, eles são a prova viva (e bem viva) disso, já que Okinawa é o local com a maior longevidade do planeta.

Quando alguns pesquisadores foram até a ilha entender qual era a lógica do ikigai, perceberam que os idosos nunca ficavam sem fazer nada. Eles se muniam de atividades prazerosas que amavam, que faziam bem a eles, que faziam sentido para a comunidade e ainda os remunerava.

Era esse o ikigai de que tanto falavam (veja detalhes na Figura 9.1).

Percebi que, se vivemos o ikigai, combinando paixão, vocação, profissão e missão, e nunca ficamos à toa na vida, nos engajando até mesmo em trabalhos voluntários que façam sentido, isso faz toda a diferença, porque nos damos conta da relevância que nossa participação no todo traz.

Da primeira vez que ouvi isso, me lembrei das inúmeras vezes que, nos treinamentos, me dediquei exclusivamente a indivíduos específicos, fora do horário previsto, porque notava que precisavam de uma ajuda extra. Era essa paixão de fazer mais do que era esperado, de realizar algo que contribuísse para a vida de alguém.

O tal do ikigai também está relacionado com o "valor em viver".

– Mas, P.A., parece difícil encontrar essa coisa de ikigai – meu amigo falou.

– Para encontrá-lo, os especialistas recomendam fazer quatro perguntas a si mesmo: "O que você ama?", "No que você é bom?", "Pelo que você pode ser pago?" e "Em que o mundo precisa de você?" – expliquei.

SE VIVEMOS O IKIGAI, COMBINANDO PAIXÃO, VOCAÇÃO, PROFISSÃO E MISSÃO, E NUNCA FICAMOS À TOA NA VIDA, NOS ENGAJANDO ATÉ MESMO EM TRABALHOS VOLUNTÁRIOS QUE FAÇAM SENTIDO, ISSO FAZ TODA A DIFERENÇA, PORQUE NOS DAMOS CONTA DA RELEVÂNCIA QUE NOSSA PARTICIPAÇÃO NO TODO TRAZ.

Quando eu disse isso, o rosto dele pareceu se iluminar. Nós dois sabíamos quanto ele amava cozinhar, era ótimo nisso. Para melhorar, sua especialidade era um tipo de comida que estava muito em alta: a vegetariana. Ele tinha adaptado o paladar da esposa para uma vida sem carne e conquistara todos os amigos em jantares na casa dele.

– Acho que você sabe, né? Só não sou pago por isso! – ele respondeu.

Expliquei que encontrar respostas a essas quatro áreas pode ser uma rota para o ikigai, que é o caminho para a autorrealização.

Hoje, quando observo as pessoas que me cercam, enxergo quanto quem tem algo pelo que viver acaba levando uma vida melhor em todos os aspectos. É o tal do "ser integral" que está escrito no ímã de minha geladeira com tanto gosto, mesmo sem ter seu sabor temperado pelos alimentos.

Dizem que os habitantes de Okinawa não se contentam em apenas *saber* qual o ikigai delas. É importante colocar o objetivo em *ação*.

Quando descobrimos nosso ikigai, percebemos que podemos ser o que quisermos: um pescador, um chef de cozinha, um palestrante, um artista, um escritor.

Sempre que ouço o líder espiritual Sri Prem Baba falando de propósito, noto muita gente pensando em largar a vida pelo propósito, como se fosse se aposentar e fugir para as colinas. Mas, além do propósito, é necessário fazermos algo que nos remunere – de maneira a não trair nossos valores, claro.

Quando seu "ser" e seu "fazer" dialogam, você sente tesão em fazer as coisas. Nos treinamentos que ofereço na Crescimentum, abordo o "porquê", que é mais ou menos parecido com a ideia de *golden circle* (ou círculo dourado) do consultor Simon Sinek.

Para quem não conhece esse conceito, ele explica como aliar ação e propósito. Em seu livro *Por quê: como motivar equipes e pessoas a agir*, Sinek conta de maneira simples como os grandes líderes da história inspiram as pessoas a tomar uma ação. Para ele, isso só pode acontecer quando as pessoas não compram o que você faz, mas sim sua motivação para fazê-lo.

Figura 9.1 Definição do conceito de ikigai

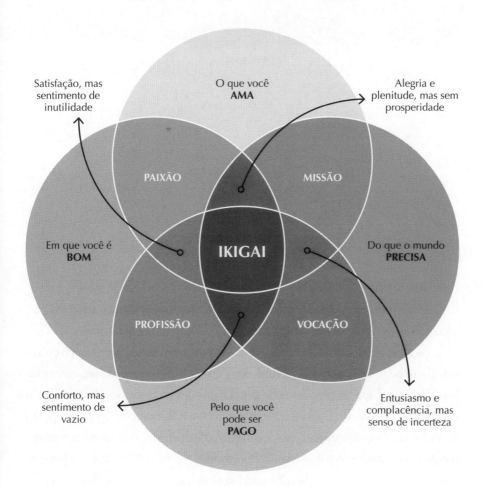

Fonte: Adaptado de GARCIA, Héctor e MIRALLES, Francesc, *Ikigai*.

O próprio Martin Luther King, que liderou o movimento pelos direitos civis nos Estados Unidos, sempre abordava em seus discursos aquilo em que ele acreditava. Por isso o mote "I have a dream" ["Eu tenho um sonho", em inglês] foi tão poderoso.

Figura 9.2 O círculo dourado de Simon Sinek

Não estou querendo dizer que o plano de ação seja menos importante. Mas, com certeza, o que engaja as pessoas em qualquer projeto é o sonho. No papel, a ferramenta de Sinek toma uma forma de três círculos, um dentro do outro, como vemos na Figura 9.2. O círculo maior significa *o que* você faz (quais são seus produtos e serviços ou sua função individual). O círculo do meio se refere a *como* você faz tal coisa (sua proposta de valor ou seu diferencial, por exemplo). Por último, e mais importante, o círculo central é o *por que* você faz aquilo. "E não é 'ter lucro', porque isso é um resultado", explica Sinek. Na prática, a pergunta desse círculo central é: "Qual é o seu propósito?"; "Qual é a sua causa?"; "Qual é a sua crença?". E, finalmente: "Por que você sai da cama todas as manhãs?"

É a mesma exata pergunta que as pessoas fazem a si mesmas para encontrarem seus ikigais.

Reflita agora por um instante e escreva uma frase para inspirá-lo todos os dias de sua vida.

Qual é a sua missão de vida? Por que você existe?

10

VALORES E OS SETE NÍVEIS DE CONSCIÊNCIA

"O ser humano é diferente das máquinas, pois acredita no que faz.
Tem metas, objetivos e finalidade de vida. Não basta desejar alguma
coisa. É preciso visualizar o que se deseja. Dar atenção a esse desejo.
E dedicar-lhe intenção. A intenção é o poder que move o desejo."

Deepak Chopra

O que te move a tomar uma atitude?

Todos nós temos um conjunto de cerca de 50 valores que carregamos conosco no decorrer da vida. Na psicologia isso é muito estudado. Mas a hierarquia desses valores muda no decorrer de nossa existência – afinal, em certos momentos, algumas coisas passam a se tornar mais importantes. Quando nascem os filhos, por exemplo, a hierarquia muda. Se ficamos doentes, nossos valores também mudam.

Um amigo meu estava sofrendo. Ele se sentia mal em seu ambiente de trabalho e achava que não havia nada que pudesse fazer a respeito. O que ele detectou certo dia, numa conversa comigo, foi que aquele local não tinha absolutamente nada a ver com seus valores. E aquilo o machucava profundamente.

A questão é que certos valores são inegociáveis. E percebi isso quando me deparei com os estudos de um engenheiro londrino chamado

Richard Barrett, que começou a olhar para as pessoas e organizações de maneira diferente, para entender mais sobre o ser humano. A partir dessa observação, ele criou uma nova teoria: os sete níveis de consciência (veja a Figura 10.1).

Os três primeiros níveis (sobrevivência, relacionamentos e autoestima) estão atrelados às necessidades de nosso *ego*. E os três últimos níveis (coesão interna, fazer a diferença e serviço) referem-se às necessidades da *alma*. No meio, há o nível quatro, de transformação. Foi assim que ele criou um novo paradigma da liderança.

Uma das coisas que mais me marcaram quando tive a chance de encontrar pessoalmente Barrett em Londres foi que ele disse que a continuação de 14 bilhões de anos de evolução depende necessariamente da evolução da consciência humana. Segundo ele, para cada nível de consciência existem valores. Alguns são positivos, outros são potencialmente limitantes e nos tolhem a visão pessoal e a visão corporativa. Para descobrir seus valores, você pode acessar o link <http://bit.ly/app-pva> e fazer sua avaliação gratuitamente. O teste foi criado pelo próprio Barrett.

Figura 10.1 Os sete níveis de consciência

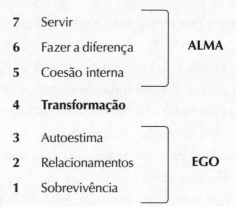

Para entender melhor, vamos dar nomes aos bois, tomando como base a teoria de Barrett descrita no livro *O novo paradigma da liderança*.

O *ego* é associado ao nosso corpo físico e vive num mundo exclusivamente material, com uma quantidade limitada de tempo para alcançar seus objetivos. Está focado apenas em satisfazer três tipos de necessidade: a necessidade de segurança física (*sobrevivência*), a necessidade de amor e pertencimento (*relacionamentos*) e a necessidade de respeito e reconhecimento (*autoestima*).

Já a *alma* está associada à dimensão energética do corpo humano. Ela se sente confortável diante da incerteza e se expande com a mudança. Por ser constituída da energia básica da existência, ela não pode ser criada nem destruída, mas muda de forma dependendo do contexto. Seu foco está na satisfação de três tipos de necessidade: a necessidade de criar um significado e um propósito para a vida (ou seja, garantir uma *coesão interna*), a necessidade de efetivar esse senso de propósito no mundo (*fazer a diferença*) e a necessidade de dedicar sua vida ao serviço, seguindo sua paixão ou propósito (*servir*).

Assim, existem duas dimensões de nossa personalidade que buscam satisfazer suas necessidades: o ego e a alma. Quando o centro de gravidade da nossa consciência está na dimensão do ego, nós focamos em suas necessidades (de sobrevivência, relacionamentos e autoestima). Quando elas são satisfeitas, não sentimos uma alegria duradoura; por outro lado, se elas não são satisfeitas, ficamos ansiosos.

Por outro lado, quando o centro de gravidade da nossa consciência está na dimensão da alma, nós focamos na satisfação de necessidades que, quando realizadas, não desaparecem, e sim produzem níveis cada vez mais profundos de motivação e comprometimento.

O processo pelo qual mudamos o centro de gravidade de nossa consciência – dominando a satisfação das necessidades do ego e indo em direção à satisfação das necessidades da alma – é chamado de *transformação*. O principal entrave a essa transformação são os medos do ego, que podem ser divididos em três:

- medo de faltar dinheiro, segurança ou proteção suficientes para satisfazer nossas necessidades físicas de sobrevivência;
- medo de não termos amor, amizade ou desenvolvermos relacionamentos para satisfazer nossas necessidades emocionais de pertencimento;
- medo de não sermos bons o suficiente para satisfazer nossas necessidades emocionais de autoestima.

Nossos medos podem ser conscientes ou subconscientes. Um medo consciente, como o próprio nome diz, é aquele do qual temos conhecimento. Um medo subconsciente é um sentimento do qual não temos conhecimento, mas que pode tornar-se consciente quando descobrimos sua existência. Quando os medos subconscientes dirigem nossa motivação, reagimos de forma emocional às situações, ao invés de responder de forma refletida e racional. Essa reação geralmente é acompanhada de um sentimento de impaciência, irritação ou raiva. Se você responde de forma raivosa quando alguém ou uma situação te chateia, então podemos dizer que essa reação está baseada no medo.

Para atingirmos a transformação e passarmos a focar nas necessidades da alma, precisamos primeiro aprender a gerenciar esses medos.

- O *primeiro estágio da transformação* implica aprender a dominar ou liberar seus medos conscientes e subconscientes. Isso é chamado de processo de domínio pessoal.
- O *segundo estágio de transformação* envolve descobrir sua verdadeira e autêntica identidade. Essa identidade tem relação com aprender quem você realmente é, o que tem significado para você, o que te motiva e como adotar os valores da sua verdadeira identidade.
- O *terceiro estágio da transformação* inclui descobrir o propósito de sua alma: quais são suas paixões, o que você quer fazer no mundo, o que gera um senso de significado para sua vida e pode gerar realização pessoal. Esse é o início da autorrealização.

Dessa maneira, a mente humana tem dois "donos": o ego, que busca satisfazer suas necessidades físicas e emocionais, e a alma, que tenta satisfazer suas necessidades de realização e expressar plenamente seu propósito no mundo. Nós alcançamos uma consciência de espectro total (ou seja, com valores positivos nos sete níveis de consciência) quando aprendemos a dominar as necessidades do ego e da alma. Alguém que demonstra essa habilidade é chamado de "indivíduo autorrealizado". Nos níveis da motivação humana, a autorrealização se inicia no nível de transformação, o nível quatro.

Os sete níveis da consciência humana são descritos de forma resumida na Tabela 10.1 e explicados com mais detalhe a seguir.

Tabela 10.1

NÍVEIS DE CONSCIÊNCIA	MOTIVAÇÃO
7 Servir	Devotar sua vida ao serviço desinteressado, em busca de seu propósito e sua visão.
6 Fazer a diferença	Atualizar seu senso de propósito, colaborando com os outros para fazer a diferença no mundo.
5 Coesão interna	Encontrar significado para sua vida, descobrindo seu propósito e criando uma visão para o futuro que você quer criar.
4 Transformação	Reconhecer sua individualidade para que você se torne uma pessoa autorrealizada e autêntica.
3 Autoestima	Satisfazer sua necessidade de se sentir bem consigo mesmo e sua habilidade de gerenciar sua vida, tendo orgulho do resultado do seu trabalho.
2 Relacionamentos	Satisfazer sua necessidade de pertencer e de se sentir amado e aceito por aqueles com os quais você interage diariamente.
1 Sobrevivência	Satisfazer suas necessidades fisiológicas, criando um ambiente seguro e protegido para si mesmo.

A MENTE HUMANA TEM DOIS "DONOS": O EGO, QUE BUSCA SATISFAZER SUAS NECESSIDADES FÍSICAS E EMOCIONAIS, E A ALMA, QUE TENTA SATISFAZER SUAS NECESSIDADES DE REALIZAÇÃO E EXPRESSAR PLENAMENTE SEU PROPÓSITO NO MUNDO.

NÍVEL 1: Sobrevivência

O primeiro nível da consciência humana refere-se à sobrevivência fisiológica. Precisamos de ar limpo, comida e água para manter nosso corpo vivo e saudável. Também precisamos nos manter a salvo de nos ferir. A motivação do nosso ego nesse nível de consciência é de autopreservação. Sempre que nos sentimos ameaçados ou inseguros, física ou economicamente, movemo-nos para a consciência de sobrevivência.

NÍVEL 2: Relacionamento

O segundo nível de consciência humana refere-se a relacionamentos que geram um senso emocional de pertencimento. Na infância, aprendemos rapidamente que, se não formos capazes de pertencer, não poderemos sobreviver. Nós também aprendemos que, para pertencer, precisamos ser amados. Quando somos amados incondicionalmente, desenvolvemos um senso saudável da consciência de relacionamento. Gostamos de nós mesmos porque crescemos nos sentindo amados por aquilo que somos.

NÍVEL 3: Autoestima

O terceiro nível refere-se à autoestima e ao valor próprio. Nós precisamos nos sentir bem com nós mesmos e respeitados pelos outros; não somente por nossa família, mas também pelos colegas. Nos primeiros anos de vida, construímos um senso saudável de autoestima tendo a oportunidade de viver momentos de intimidade com nossos pais, recebendo elogios e reconhecimento – tanto pelas tentativas quanto pelos sucessos. As pessoas com um senso saudável de autoestima orgulham-se de si mesmas e de seu nível de desempenho no trabalho.

NÍVEL 4: Transformação

O quarto nível refere-se a gerenciar, dominar ou liberar os medos subconscientes que nos mantêm focados nos três primeiros níveis de consciência; refere-se também à busca da nossa identidade verdadeira e autêntica. Trata-se de entender quem você é, enquanto indivíduo independente e único, sem o condicionamento familiar e cultural. É um momento de se expressar sem medo, de começar o processo de revelar sua alma.

NÍVEL 5: Coesão interna

O quinto nível de consciência humana consiste em encontrar o significado da existência, descobrindo o propósito da sua alma. Nesse nível de consciência, o foco é buscar a resposta para a pergunta: "Por que estou aqui – nessa vida, nesse corpo e nessa situação?". Para alguns, pode parecer uma investigação muito desafiadora. Para aqueles que foram contemplados com dons ou talentos específicos, a resposta parece óbvia. Se você não tiver certeza ou não souber o propósito da sua alma, simplesmente foque naquilo que mais gosta de fazer, siga sua alegria, desenvolva seus talentos e persiga sua paixão. Isso o levará, ao final, para onde você precisa estar no sentido de cumprir seu destino.

NÍVEL 6: Fazer a diferença

O sexto nível está relacionado a fazer a diferença no mundo à sua volta. Não faz sentido ter um propósito que lhe dá um significado na vida se você não faz nada com ele. Você aprende rapidamente que a diferença que você pode fazer no mundo será muito maior se for capaz de colaborar com aqueles que partilham de propósitos similares, ou estão alinhados com a sua causa. É nesse nível que você sente os benefícios de todo o trabalho de autodesenvolvimento que fez nos níveis anteriores, aprendendo como gerenciar, dominar ou liberar as emoções ligadas às crenças baseadas nos medos subconscientes. Quanto mais facilmente você criar empatia com os outros, mais fácil será colaborar.

NÍVEL 7: Servir

O sétimo e último nível de consciência é o de servir de forma desinteressada à causa que está por trás do propósito da sua alma. Isso ocorre quando fazer a diferença torna-se um estilo de vida. Nesse momento, você está completamente imbuído de seu propósito de alma e sua personalidade encontra-se alinhada a esse propósito. Você sente conforto na incerteza e necessita de tempo para o silêncio e a reflexão. Você compreende a importância da humildade e da compaixão para sua evolução espiritual, vivendo e respirando o seu propósito a cada momento do seu dia. Seu ego e sua alma estão completamente unidos.

* * *

Em resumo, um indivíduo de espectro total é alguém que aprendeu a equilibrar as necessidades do ego com as necessidades da alma. A jornada da consciência "do ego para a alma" nos leva da dependência para a independência, e da independência para a interdependência. Ou seja, ao seguir seu próprio interesse, você aprende a conectar seu ego com sua alma e, consequentemente, a cooperar com outras almas para apoiarem-se mutuamente no processo de compartilhar seus talentos e tornarem-se quem vocês realmente são. Estamos todos envolvidos nessa jornada, estejamos conscientes disso ou não. É o caminho da evolução, tanto individual quanto coletiva. Sua evolução nessa jornada depende de você.

Todos crescem e se desenvolvem psicologicamente ao longo de estágios psicológicos bem definidos. Seu atual estágio de desenvolvimento psicológico define o limite superior do nível de consciência a partir do qual você atua – e cada nível de consciência é composto de um

VALORES E OS SETE NÍVEIS DE CONSCIÊNCIA **133**

UM INDIVÍDUO DE ESPECTRO
TOTAL É ALGUÉM QUE
APRENDEU A EQUILIBRAR AS
NECESSIDADES DO EGO COM
AS NECESSIDADES DA ALMA.

conjunto de valores. Quando identificamos nossos valores, sabemos o que nos tira do eixo. Barrett diz que devemos "subir no mezanino" em situações que enxergamos como potencialmente limitantes, por exemplo, quando perdemos o controle emocional, quando nos sentimos reprimidos e nos calamos, quando estamos fora da nossa zona de conforto. Se eu subo no mezanino, vejo a situação de cima, de maneira distanciada, e entendo o que aconteceu comigo, o que provocou minhas reações. Dessa forma, consigo criar uma estratégia da alma. Se eu continuo no ego, saio perdendo, seja nas relações profissionais, nas intensas reações emocionais, num estresse desnecessário etc.

Nos dias de hoje, exige-se do profissional cada vez mais engajamento total para que se alcancem resultados extraordinários. As pessoas ligam seus pilotos automáticos e não se dão conta do que fazem, nem percebem quando, de certa forma, violam seus valores e os valores da organização. Em todos os treinamentos de liderança que ministro, e até mesmo com os meus coachees (profissionais que participam de um processo de coaching), tenho percebido que está cada vez mais difícil honrar os valores, o que pode gerar uma insatisfação terrível.

Em janeiro de 2009, fiz alguns cursos de atualização na área de liderança e gestão na Califórnia. Uma das minhas tarefas era estudar a vida de um executivo de sucesso e montar uma palestra sobre seu estilo de gestão, mostrando seus diferenciais como líder.

Escolhi o escritor e consultor Jack Welch. Já gostava dele e me aprofundei na sua história de vida. Foi quando descobri algumas coisas fantásticas e simples sobre seu estilo de gestão. Jack Welch tinha aquela célebre frase: "Eu contrato o caráter, e a pessoa eu treino". Ele valorizava todos os que vivenciavam os valores da empresa e desligava aqueles que não respeitavam os valores da organização, mesmo se essa pessoa trazia resultados.

Percebo agora que, aos poucos, algumas empresas estão voltando a valorizar as coisas simples. Resultado acima de tudo é algo que começa a sair de cena, abrindo espaço para os profissionais que, além de terem valores consonantes com os da empresa, não abrem mão deles.

Assim, é claro, esses profissionais conseguem se engajar e mobilizar as pessoas para alcançarem resultados extraordinários, pois profissionais assim são admiráveis. Para começar a refletir sobre isso, você pode pensar sobre o que é mais importante para você na vida e o que deve fazer para chegar ao nível em que atinge as necessidades de sua alma.

É simples assim: a coisa mais importante na vida é saber qual é a coisa mais importante na vida. Por mais que essa afirmação possa soar ridícula e simplista, ela é absolutamente verdadeira em relação à vida.

Talvez muitos de nós não consigamos nos realizar não porque não estejamos fazendo as coisas que são convenientes, mas porque não estamos fazendo as coisas mais convenientes para *nós*.

Pense nas seguintes perguntas: "Você acredita que vai viver para sempre?" e "Quais as coisas mais importantes que você faria até o fim da sua vida?".

Reflita seriamente a respeito, pois muitas pessoas esquecem que um dia morrerão e criam uma expectativa de vida ilusória, procrastinam aquilo que é mais importante. Analise sua resposta a essas perguntas. Pense agora: que porcentagem de sua vida *hoje* é dedicada a cumprir o que para você é o mais importante? Nesse momento você pode encontrar algumas respostas para suas insatisfações ou até mesmo para suas satisfações.

Se não tomarmos as rédeas de nossa vida e vivenciarmos nossos valores, o mundo acaba conspirando para que não encontremos nossas próprias respostas. Devemos parar de reunir informações vindas do exterior e ouvir nossa voz interior.

Muitas pessoas temem o que há por dentro. São aquelas que não conseguem ficar sozinhas, quando chegam em casa já ligam a TV, precisam estar sempre rodeadas por companhia, pois, sozinhas, talvez não suportem escutar a própria voz interior. Afinal, ela pode machucar e fazer você enxergar coisas que não quer ver.

É nesse momento que as pessoas começam a se questionar e, normalmente, sentem um vazio enorme. A porta da mudança só pode ser

É SIMPLES ASSIM: A COISA MAIS IMPORTANTE NA VIDA É SABER QUAL É A COISA MAIS IMPORTANTE NA VIDA.

aberta pelo lado de dentro, e querer mudar ou não é uma escolha. Para tomar essa decisão, podemos fazer alguns questionamentos que nos ajudam a descobrir o que é realmente importante para nós e o que pode gerar em nós a tal transformação a que se refere Barrett. Por exemplo:

- Você acredita que pode ser mais competente do que é?
- O que te motiva hoje na sua vida?
- Como você se sente quando está motivado?
- O que o impede de se motivar?
- Se você pudesse mudar alguma coisa em sua vida agora, o que mudaria?
- O que você faria se o sucesso fosse inevitável e você tivesse todo o dinheiro do mundo?
- O que é mais importante para você na vida?

Dessa forma, você entrará em contato com seus principais valores, que são estados emocionais, formados com base na sua experiência de vida, aquilo que o faz agir do jeito que age. São os motivos que nos fazem experimentar (ir em direção a) ou evitar algo (afastar-se de).

Os valores que devemos buscar são os que nos trazem satisfação, como amor, felicidade, sucesso, liberdade, respeito, segurança etc. Esses podem ser chamados de valores "finais". Os valores dos quais devemos nos afastar são valores ou estados emocionais que algumas pessoas fazem de tudo para evitar, como rejeição, depressão, raiva, preocupação, frustração, ciúme etc.

Além disso, existem os valores do "meio", que é quando focamos em coisas como carro, casa, dinheiro, casamento etc. Isso tudo só satisfaz no nível do ego. Nesse caso, algumas pessoas terceirizam a felicidade e a colocam nessas coisas, mas o mais importante é identificar como de fato essas coisas lhe trarão prazer. Só assim chegamos ao valor "final".

Acontece que, infelizmente, muitos gastam quase 80% de sua energia evitando o que não gostariam de sentir, ao invés de investirem energia para ir em em direção aos valores "finais". E é desses medos que falaremos no próximo capítulo.

PARTE IV
TRANSFORMAÇÃO ESSENCIAL – MAPEANDO AS CRENÇAS LIMITANTES

"Um desejo ardente de ser e fazer é o ponto de partida de onde o sonhador deve começar." – Napoleon Hill

INVENTÁRIO PESSOAL

"Saber o que você prefere – em vez de dizer humildemente 'amém' ao que o mundo lhe diz que prefira – é manter sua alma viva."

Robert Louis Stevenson

De repente lá estava eu, num domingo qualquer, em um centro de diagnóstico médico para fazer uma tomografia da garganta. Esse exame exigia um contraste para que se pudesse identificar se havia algo errado e, caso sim, recomendar um possível tratamento. E eu, Preto, o aventureiro que se embrenha no alto-mar para praticar esportes, corre maratonas pelo mundo, sobe nos palcos para falar diante de milhares de pessoas e que já enfrentou inúmeros desafios ao longo da vida pessoal e profissional – desde falta de dinheiro até problema de saúde, relacionamento quebrado e um acidente com o filho –, comecei a sentir o coração acelerado quando vi a agulha.

Aquela agulha ficou ali, olhando para mim enquanto eu resgatava todo o meu medo de injeção, e aquele medo só aumentava.

Uma descarga de adrenalina começou a invadir meu corpo. A enfermeira se aproximou e, enquanto preparava o soro para aplicar na veia, minha mente começou a criar fantasmas.

Numa fração de segundos, lembrei do meu pai, que tinha morrido por causa das consequências de um exame. Eu tentava isolar aquele pensamento, mas ele vinha com força. Revivia a entrada do meu pai, com saúde plena, no hospital, até sua saída, num caixão que carregava seu corpo: um único exame havia desencadeado uma série de fatores que ocasionaram sua morte.

Era domingo, o dia estava ensolarado, minha esposa e minha filha estavam na sala ao lado me esperando, e mesmo assim comecei a conjecturar sobre tudo que tinha acontecido no passado. E a morte do meu pai por causa de um simples exame fazia com que meu medo de agulha se multiplicasse.

Respirei fundo e repeti mentalmente que aquilo seria para meu bem. Em vão. A enfermeira era incapaz de encontrar a veia. Em determinado momento, ela disse: "Peguei!". Colocou o acesso e explicou o procedimento: ela ia injetar primeiro o soro fisiológico, para depois aplicar o contraste – que é o iodo. E então a máquina e a médica entrariam em ação.

Só que nada disso aconteceu. Depois de sentir a picada da agulha, meu braço começou a inchar e a doer. Esperei para reclamar, imaginando que aquela dor ia passar ou que pudesse ter sido desencadeada pelo medo, mas aquilo não parecia normal.

– Está doendo! – reclamei.

A enfermeira observou, dizendo que não era normal doer e eu levantei a cabeça para reclamar novamente. A médica reagiu agressiva:

– Não pode levantar a cabeça – disse.

– Mas estou com muita dor – expliquei.

Ela se aproximou para observar, dizendo que não era normal sentir dor com aquele procedimento. E eu insistia que tinha alguma coisa errada ali. Ela e a enfermeira se entreolharam, passaram a cochichar, e eu comecei a me preocupar. Naquele momento, vários gatilhos vieram à minha mente e aquele medo se transformou numa espécie de medo de morrer, ou de que algo irreversível acontecesse, como havia acontecido com meu pai.

Me senti perdendo o controle da situação. E, mesmo com aquela dor, quando a médica disse que ia tirar a sonda, eu respondi que aguentaria a dor. Era o tal Homem de Ferro me revisitando, mais uma vez.

– Vamos tentar no outro braço – decidiu a enfermeira.

Quando ela inseriu a agulha no outro braço, nada de dor. Eu só tinha sentido a picada. Então, todo o procedimento continuou e só no final descobrimos que a primeira aplicação havia sido feita fora da veia e o soro tinha ido para os músculos, pele, braço e tudo.

– E se tivesse sido o iodo em vez do soro? – perguntei à médica, depois.

Todos se calaram e, depois, já em casa, livre daquela situação, pesquisei quantas vezes aquele tipo de falha tinha sido responsável pela morte de pacientes. Conversei com meu médico, que explicou as consequências imediatas daquilo: eu ficaria em observação para identificar qualquer sinal de infecção, que, se detectada, seria tratada com medicação. Fiquei bastante preocupado, mesmo tendo me livrado daquela situação.

Sentado diante da minha filha, em casa, eu pensava: "Poderia já não estar aqui". E é curioso quantos gatilhos aquela situação disparou em mim. Justo eu, que achava que as questões relacionadas ao meu pai estavam resolvidas, experimentei o medo na veia. No caso, fora dela.

Só que entrar em contato com essa situação limite foi, de certa forma, uma cura. Eu acolhi aquela dor. Consciente do medo que eu tinha de morrer como meu pai, enfrentei uma situação parecida, que me mostrou que eu poderia usar a experiência como base.

O curioso foi que eu não sabia que tinha esse medo, e isso me fez refletir sobre quanto somos uma maquininha de armazenar as coisas. Nunca sabemos onde começaram nossos medos. Eles ficam ali, escondidos, e em algum momento da vida, submergem.

A questão é que algumas situações ativam certos comportamentos. No meu caso, esse medo surgiu na situação específica em que me vi diante de um médico, mas poderia ter aparecido no meu dia a dia também, caso eu evitasse praticar os esportes por medo de me machucar ou de morrer. No entanto, o que disparou isso foi o contato com exames e médicos.

INVENTÁRIO PESSOAL 143

E aquilo foi tão perturbador! É engraçado. De repente, você está numa situação que a princípio não representa qualquer perigo, mas aí começa criar mentalmente um cenário de medo. A adrenalina que aquela situação gerou no meu corpo foi impressionante.

Foi apenas nesse dia que percebi quanto meu pai deve ter sofrido por conta dessa situação. Segundo minha mãe, ele falou que sabia que partiria. Também comecei a pensar sobre quanto estamos interligados, pois foi a experiência do que ocorrera com meu pai que me deixou em estado de alerta para minha própria situação. Esse evento me fez perceber que ser super-homem é mais que admitir as próprias fraquezas – é entender a própria finitude e pequenez diante da vida.

O que ficou bem claro é que a sensação dispara um pensamento que, por sua vez, traz uma nova sensação e um novo pensamento, e aquilo se torna tão real dentro de sua mente que pode te limitar a acreditar que o que se imagina vai acontecer de qualquer maneira.

O medo até pode ser uma coisa boa, porque ele traz insights. No entanto, o medo excessivo nunca é benéfico para ninguém. Assim, o medo que temos que trabalhar é aquele que nos limita e nos impede de seguir em frente.

Ter entrado em contato com meu medo naquela situação me trouxe um alerta para quanto eu precisava prestar atenção nas pessoas, nas coisas e quanto há de descuido no nosso dia a dia com o que é importante. E comecei a ficar mais consciente em relação à sensação de cuidado.

Só que esse mesmo medo que me proporcionou um insight pode gerar, para muitas pessoas, um efeito de estagnação, limitando suas ações. Já vi pessoas paralisadas de medo por conta de um excesso de cuidado em relação à opinião dos outros. Já vi gente com pavor de não ter dinheiro. E por trás do medo tem sempre algum raciocínio que criamos estrategicamente só para que nosso medo faça sentido.

Muitas pessoas criam também estratégias para *evitar* o medo. E, dessa forma, fogem das situações que as colocam fora da zona de

O MEDO ATÉ PODE SER UMA COISA BOA, PORQUE ELE TRAZ INSIGHTS. NO ENTANTO, O MEDO EXCESSIVO NUNCA É BENÉFICO PARA NINGUÉM. ASSIM, O MEDO QUE TEMOS QUE TRABALHAR É AQUELE QUE NOS LIMITA E NOS IMPEDE DE SEGUIR EM FRENTE.

conforto. Essas estratégias podem ser comportamentais, mentais ou emocionais. De maneira geral, elaboramos nosso próprio manual para evitar sentir medo.

Por exemplo, qual é a estratégia de uma pessoa que tem medo de ser desprezada? Ela agrada todo mundo, nunca diz "não", evita o conflito a qualquer custo. Esse comportamento advém do medo de não ser amado e tem origem no que eu chamo de "usina de dor", em geral algo relacionado a nossa infância e a nossos pais: pode ter acontecido de o pai nunca ter dado atenção, a mãe nunca ter dado amor, o filho ser comparado o tempo todo com outro irmão...

Outro dia, um dos participantes de um dos treinamentos que ministro veio de mansinho e comentou:

– P.A., eu venho observando alguns comportamentos na minha filha de 9 anos... Eu me separei, me casei de novo, e minha atual esposa tem uma filha um pouco mais velha. E minha filha está neste esquema: ela vem para o nosso ambiente e é muito legal, um doce. Sempre procura agradar todo mundo... o tempo todo. Faz tudo o que todo mundo pede. E eu estou começando a achar que ela está com um medo absurdo de perder de novo a estrutura da família.

A fala desse pai mostra que a menina estava tentando agradar demais as pessoas, o que não é típico de uma criança. No fundo, ela estava com medo de não ser amada.

A questão é que, querendo ou não, geramos impacto em nossos filhos. Sempre que penso em minha filha, penso em dar amor. Só com muito amor a criança se torna um adulto bem resolvido e confiante. Às vezes, criamos o filho exageradamente cercado de cuidados e não o criamos para o mundo. Por isso sou adepto do amor, mas com limites. Porque temos a tendência de superproteger nossos filhos e eu vou te contar uma coisa: eles também precisam enfrentar suas situações de medo.

Em uma ocasião, a professora da minha filha disse que ela estava um pouco isolada e senti meu coração apertado. Eu queria ir lá e resolver. Daí parei, pus a mão na consciência e pensei: "Ela tem que passar por isso sozinha".

O ponto para entender a superproteção é justamente esse. Temos que ter esse *feeling*. Como pai, o que preciso fazer é trabalhar com ela formas e recursos para ajudá-la a resolver a situação sozinha. Por exemplo, se ela vem e me fala: "Papai, tal menino não me deu isso...", tento fazê-la entender que ele pode ter ganhado o brinquedo de aniversário recentemente, estar feliz e não querer ficar nem um minuto longe dele.

Nas minhas estratégias, tento conversar e trazê-la para a consciência: "O Pedrinho adora você, só que ele não quer dar o brinquedo dele agora. Lembra quando você não quis dar o brinquedo para ele? Como você está se sentindo agora? Triste? Você acha que ele ficou triste também? Estou te ajudando a ver que fazemos isso com o outro e ficamos assim, filha. Agora, não é porque você fez isso que ele tem que fazer, não é isso, mas tente *você* lidar com a situação. Converse com ele. E, se não der, não tem problema, filha, paciência. A gente não pode fazer para o outro algo só porque você fez ou deixou de fazer".

Depois dessas conversas, às vezes minha esposa me pergunta se estou fazendo coaching com ela e saio pela tangente: "Não, amor. Estou batendo um papo, estamos conversando", respondo. E, se você parar para refletir a respeito, verá que o próprio processo de coaching é uma conversa na qual fazemos perguntas que instigam a reflexão. Quando começamos a entender de onde vem tudo que acontece conosco emocional, mental, física, espiritual e financeiramente, tudo começa a fazer sentido. É aquela história: o melhor antídoto é muitas vezes extraído do próprio veneno. Entrar em contato com a própria dor e com o próprio medo faz com que você encontre a cura, principalmente quando se fala de cura emocional.

Quando realizo as semanas de imersão dos cursos e treinamentos que ministro, isso acontece de várias maneiras. Certa vez, uma executiva bem-sucedida que é uma profissional fantástica em termos de trazer resultado, liderar e comandar pessoas comentou que tinha uma dor física muito constante. Ela já tinha ido a dezenas de médicos e nada havia mudado.

Conforme ela foi contando sua história de vida, percebi quanto era rígida com si mesma. Seu avô havia ido à falência e perdera todo o dinheiro da família, e logo cedo ela teve que ser autossuficiente. Assim, criou aquela couraça de aço e vivia dizendo para si mesma: "Na minha vida, não tenho mais ninguém, sou só eu, não posso fraquejar, não posso ficar doente, não posso sentir dor, tenho que me resolver". Conforme ela ia contando, ia identificando comportamentos recorrentes.

– Isso foi gerando algumas consequências na minha vida, uma delas foi afastar os homens – relatou. – Sou muito poderosa, muito forte, muito autossuficiente, não me permito ser ajudada. Mas já estou cheia dessa situação, estou cansada, quero alguém que cuide de mim. Não quero mais comandar, também quero ser cuidada.

Sensibilizado com aquele desabafo, dei continuidade à conversa:

– Mas você quer de verdade ser cuidada ou você quer experimentar uma sensação? Você quer ou, na hora que alguém vai dar um direcionamento, você fala "Opa, aqui não!"?

Expliquei a ela como funcionam os gatilhos, que podem ser pensamentos, sensações e atitudes que, de algum modo, disparam certos comportamentos. Enquanto detectávamos o que dava início àquele seu comportamento de controle, ela contou mais a fundo sobre a dor que a impedia de viver de maneira harmoniosa.

Outra lembrança é a cliente de coaching que estava bem acima do peso e não conseguia emagrecer. Descobrimos, por meio das sessões do curso, que ela usava o próprio corpo para se proteger e se distanciar das pessoas. Quando ela compreendeu isso, fez um exercício de apreciação e autoaceitação e, em questão de meses, conseguiu emagrecer.

Ou seja, tudo passa por acolher nossos medos e nossas dores. Em nossos treinamentos, trabalhamos nossos principais medos, as emoções que mais evitamos sentir, as necessidades da vida que não foram atendidas

– necessidade de carinho, de ser ouvido, de afeto, de atenção ou qualquer necessidade que talvez os pais não tenham conseguido suprir do jeito que julgamos que queríamos ou merecíamos. Essas necessidades não atendidas viram, de alguma maneira, medos e frustrações, até se tornarem crenças limitantes e estruturarem nossos modelos mentais.

Essas crenças limitantes são externalizadas em nossos comportamentos, que, com o passar do tempo, ficam tão arraigados que acreditamos que aquele jeito de ser "é mais forte" que a gente. Já vi pessoas, inclusive, dizendo que aquilo faz parte da essência delas.

Eu escolho não acreditar nisso. Não faz parte da nossa essência um pensamento que nos prejudique. Claro que faz parte passar por um sofrimento ou uma situação que vem do ambiente, mas tornar isso um *modus operandi* de nossa vida, não.

* * *

Voltando à cliente do coaching que não conseguia se livrar de uma dor física terrível, depois de nossa breve conversa, ela identificou de onde estava vindo isso. Respirou fundo e começou a relembrar os momentos da vida dela, da relação com a mãe, com o pai, com o avô, e viu que ela não estava se permitindo ser cuidada. Cresceu resolvendo os problemas da família depois que o avô morreu e acabou se tornando centralizadora.

Curiosamente, nesse mesmo evento, passamos trechos de um filme chamado *Duas vidas*, no qual o protagonista, interpretado pelo ator Bruce Willis, é um cara profissionalmente bem-sucedido, mas infeliz e triste. Quando a versão dele jovem o encontra, ele fica surpreso, porque o menino o considera um fracasso. "Eu não tenho um cachorro, não sou casado, não tenho amigos, eu me tornei um fracasso", diz o garoto, para a surpresa do adulto.

Nessa história, a versão adulta do personagem tem um tique nervoso. É estressado com o mundo, não tem amor, não quer dar amor, não quer saber de nada. E aí ele começa uma trajetória com esse menino, resgatando sua criança interior. Logo descobre o momento específico que o fez se tornar o adulto que é: aconteceu quando sua mãe estava com câncer e o pai morria de medo de perdê-la porque não sabia como ia cuidar do menino e da irmã. Um dia o garoto brigou na escola, e a mãe doente teve que se deslocar até lá para buscá-lo. O pai, bravo, diz: "Não chore nunca mais na sua vida, porque se sua mãe morrer é culpa sua". Esse momento ficou gravado na memória da criança, sob forte impacto emocional. Ele cresceu e se tornou aquele adulto que odiava o pai, sem querer amor e sentindo-se culpado.

Nesse momento, o menino pergunta à sua versão adulta: "Nosso pai estava com medo... Mas é culpa minha?". O adulto responde: "Não, a culpa não é sua... a mamãe já estava doente". "Quando ela vai morrer?", o menino pergunta. "Antes do seu próximo aniversário." Na sequência dessa cena, o adulto e o menino se abraçam e ele resgata aquele ponto de sua vida, desencadeando uma transformação.

Juntos, eles mudam a trajetória e se encontram no futuro, onde o personagem realiza seu grande sonho (espero que você assista ao filme para saber qual é).

É uma história simples, mas que demonstra que, no momento que abrimos a caixa de Pandora, aquele menino se torna o adulto que queria ser.

O que acontece com os adultos é que acabamos perdendo a espontaneidade infantil. Vamos enrijecendo e ficando sérios, duros. A criança interior não sobrevive a isso.

Se você olhar para a sua linha do tempo, descrita no Capítulo 6, e resgatar um pouco seu passado, vai entrar em contato com todos os momentos da sua vida. Uma época em você não pensava no tempo, apenas deixava a coisa fluir e realmente se divertia. À medida que você olhar para o momento presente, vai ver o futuro e enxergar o que deseja de verdade. Olhe para o futuro sem a ansiedade de vivê-lo.

Depois de investigar alguns pontos, resgatar outros e entrar em contato com nossos valores, começamos a exercitar a capacidade de transitar pela nossa linha do tempo, definindo nossa vida conforme nosso propósito. De propósito. E só podemos alcançar nosso propósito se mapearmos claramente onde há ego e onde há alma. Se entendemos nossas estratégias de ego, podemos substituí-las por estratégias de alma (veja o Capítulo 10).

Para identificar isso é simples: estamos na estratégia de ego quando alguém diz algo de que não gostamos e logo damos uma "porrada" na pessoa, lidando com a situação com nervosismo. Muitos justificam esses atos dizendo coisas como "é mais forte do que eu" ou afirmando que naquele momento reagiu negativamente e isso gerou raiva. Esse gatilho pode ser um pensamento que vem como sensação e vice-versa. E isso sempre vem de algo que vemos ou escutamos e nos fez sentir algo, despertando nossos comportamentos.

Identificar os gatilhos é importante para que possamos entender o que nos impede de tomar decisões na vida, decisões que nos levariam a sentir um bem-estar maior, mental, emocional, físico, espiritual e financeiro.

O que tem me impedido de emagrecer? O que tem me impedido de cultivar melhores pensamentos? De ter emoções melhores? O que me impede de acordar cedo ou colocar energia naquilo que vai me trazer mais benefício? (Veremos como identificar nossos gatilhos nos capítulos seguintes.)

A questão é que não ficaremos 100% no estado que desejamos, porque, para lançarmos as flechas de luz, precisamos da escuridão. Ou seja: precisamos identificar as sombras para jogar a luz sobre elas, e ninguém consegue ser uma pessoa iluminada e existir em estado que não haja sombras. Elas virão, mas, conforme vamos evoluindo, os intervalos entre luz e sombra começam a diminuir.

* * *

Uma das participantes do programa Do Ego para a Alma, que é pensado para quem já passou pelo treinamento Líderes do Futuro, vinha de uma família bem-sucedida, muito bem de vida. No entanto, uma de

IDENTIFICAR OS GATILHOS
É IMPORTANTE PARA QUE
POSSAMOS ENTENDER O
QUE NOS IMPEDE DE TOMAR
DECISÕES NA VIDA, DECISÕES
QUE NOS LEVARIAM A SENTIR
UM BEM-ESTAR MAIOR.

suas características era não gastar dinheiro. Fomos fazendo perguntas para entender a relação dela com o dinheiro, e, por fim, ela revelou que seu avô tinha sido milionário e perdera todo o dinheiro. Já o pai tinha ganhado a vida sozinho, sem nunca usufruir dos benefícios do avô. Crescendo numa família abastada, ela foi uma garota estudiosa. Em determinado momento, os tios começaram a passar por dificuldades financeiras, a ponto de não conseguirem colocar comida em casa, e por isso o pai resolveu ajudar os irmãos. Ela, vendo aquilo, ficou impactada e percebeu que muitas pessoas não tinham dinheiro. Então, começou a alimentar uma fobia, um pânico que tinha a ver com a questão de necessidade. Na hora do jantar, a cozinheira fritava 10 bifes e ela comia apenas metade de um, com medo de faltar. E foi se enraizando na mente dela um pensamento de escassez.

Foi assim que começou a querer acumular dinheiro, evitando ao máximo gastar. Isso limitava a vida dela, porque, mesmo tendo dinheiro, não usufruía dele. Mesmo tendo condições de almoçar e jantar fora todos os dias se quisesse, ela se sentia mal quando fazia isso.

Esse medo da falta fez com que até mesmo na ocasião de seu casamento ela não quisesse festa, já que achava um absurdo gastar com isso. Esse tipo de medo é do nível 1, que diz respeito à sobrevivência e escassez (como vimos no Capítulo 10).

Temos sempre que observar qual é a origem do medo, onde ele é gerado, e que necessidade esse medo gera; caso contrário, passamos a viver em função desse sentimento, que pode nos limitar até a respirar. Essa participante não conseguia respirar, literalmente!

Depois de conversarmos muito, perguntei:

– Que mensagem você vê por trás disso? Qual o grande motivo para isso? O que você aprendeu? Do que o mundo precisa que, de repente, hoje você tem condições de passar para ele? Você já pensou nisso?

A grande provocação foi fazê-la pensar que havia um porquê para ela passar por tudo aquilo. Depois que ela percebeu que havia um motivo, continuei a questioná-la:

– O que você pode transmitir para as pessoas que estão passando por isso ou vão passar por isso? – perguntei. – Qual é o seu grande aprendizado da vida? Será que as coisas acontecem com a gente por algum motivo? Se sim, esse motivo gera um grande aprendizado, que, de certa forma, é saber usar nossos talentos e dons em prol do outro.

A partir do momento que ela identificou esse medo e essa crença limitante, passou a entender o que perde e o que ganha com isso, e se deu conta de que, se vier a perder dinheiro, estará preparada para isso.

Outro fato curioso foi que essa cliente teve três cânceres seguidos e pagou o melhor especialista para o tratamento, o que só reforçava a crença dela de que precisava de dinheiro para isso.

Fiz, então, uma grande provocação: quanto o modo como vivemos acaba criando doenças? A influência das emoções no nosso corpo foi demonstrada pelo escritor e fotógrafo japonês Masaru Emoto, que fotografou partículas de água sendo submetidas a sensações e sentimentos de amor e outras sendo submetidas ao ódio, e notou que aparentemente elas ganham formas diferentes em cada caso.

Expandindo esse conceito para nosso corpo, que tem 70% de água em sua composição, o quanto o impactamos com nossos pensamentos, envenenando ou curando a nós mesmos? Estamos dispostos a nutrir coisas positivas em nossa vida?

Muitos estão com foco no negativo, com atitude e pensamento concentrados apenas no que dá errado. Essas pessoas levam isso para o corpo. Precisamos pensar e entender do que estamos nos nutrindo.

Quando resgatamos nossa criança interior, como acontece em *Duas vidas*, a quem estamos resgatando? O que estamos resgatando? Como no filme, podemos resgatar a inocência de uma criança, a leveza e o bem-estar que muitos adultos perderam hoje.

Um alto executivo, pai de cinco filhos, me contou que fora abandonado pelo próprio pai muito cedo. A mãe dizia que tudo dependia dele e, após alguns anos, ele foi resgatar o pai em Portugal. Conectado com ele, viu que era extremamente amoroso – o oposto do quadro que sua mãe pintara.

Foi então que, quando teve filhos, quis ser um pai amoroso, porque não havia recebido amor. No entanto, foi para o extremo oposto, tornando-se extremamente permissivo. Percebeu que confundia amor com deixar que as crianças fizessem o que quisessem. Ele tinha medo de frustrar os filhos. E se deu conta de que sua mãe cobrou tanto dele quando criança que esqueceu o principal: dar amor.

– P.A., sabe o que eu descobri agora? Minha mãe nunca me falou "eu te amo" – ele disse baixinho, quase sussurrando, com a voz embargada, segurando uma lágrima.

– E você? Já falou para ela "eu te amo"? Você pode pensar que hoje tem mais recursos emocionais do que ela.

Ele parou, respirou fundo e respondeu que não.

– O que te impede? – continuei. – Não importa se ela vai acolher isso ou não, se vai achar uma babaquice, não importa. Isso é seu.

Ele revelou que nunca tinha relacionado isso às consequências em sua vida, a seus relacionamentos, porque havia se casado inúmeras vezes e sempre gerava a necessidade de que as coisas dessem certo. Isso fez com que ganhasse e perdesse muito dinheiro e se tornasse resistente à dor. E se gabava disso. Tinha dores absurdas nas costas por conta de um bico de papagaio, mas resistia, porque não se permitia abalar.

Quem não se permite abalar também não se permite emocionar, chorar, nem nada disso. Aos poucos, ele foi entendendo que precisava dar essa permissão a si mesmo.

***

É importante observar como anda cada área da nossa vida, entendendo as cinco dimensões de energia e o porquê de não evoluirmos em cada uma das áreas. Dessa forma, compreendemos o que é um círculo vicioso e o que é um círculo virtuoso em nossa vida. E, quando definimos os dois, começamos a trabalhar nossa trajetória nesse sentido.

QUEM NÃO SE PERMITE
ABALAR TAMBÉM NÃO SE
PERMITE EMOCIONAR,
CHORAR, NEM NADA DISSO.

Se começamos a investigar nossa vida, entendemos as regras que criamos inconscientemente e que são gatilhos mentais negativos. É mais ou menos como aquela pessoa que, diante de alguém que diz algo de que ela não gosta, reage falando outra coisa para ficar por cima, para não se sentir diminuída. Assim, essa atitude gera algo ainda mais negativo no ambiente.

Um exemplo disso: certa vez, eu estava saindo de uma empresa e um cidadão colocou a arma na minha cabeça e disse: "Vagabundo... não olha pra trás, olha pra frente, vai pro teu carro, vamos lá, me dá a mochila, me dá a carteira, vagabundo". Me chamou umas três vezes de vagabundo.

Naquele momento, o que me deixou mais transtornado foi ser chamado de "vagabundo". Isso disparou em mim pensamentos de: "Como assim, 'vagabundo'? Eu trabalho, faço várias coisas...". E fiquei incomodado. Ao invés de focar no que estava acontecendo, aquela simples palavra disparou em mim algo que me trouxe revolta.

Mas, vejam que interessante: vamos levar isso para a área de liderança e para as relações do dia a dia. Isso é um medo de nível 3 (como mostra a Figura 10.1, no capítulo anterior, se quiser recordar): medo de não ser importante o suficiente. É relacionado à autoestima e à insegurança, ao medo de não ser bom o suficiente, de não te respeitarem, de não te admirarem. Esse medo é uma estratégia do ego.

A estratégia do ego é diminuir o outro. Quando diminuo o outro, eu me sinto maior, me sinto no poder. A estratégia de um bandido quando está assaltando alguém é chamá-lo de "vagabundo". E se eu falo que você é vagabundo significa que te diminuo, e você fica pequeno.

Se eu fico maior, eu ganho autoconfiança e coragem. Logo, me sinto importante e me torno maior do que você. Com isso, domino a situação. Porque, entre o assaltante e o assaltado, quem está com mais medo é o assaltante.

Entre um líder e um liderado, as posições são claramente diferentes. Só que algumas pessoas usam a posição para se colocarem acima do outro, para se sentirem mais poderosas, porque, no fundo, esse líder está com medo de não ser respeitado. Então, ele usa a hierarquia para garantir sua posição.

Numa relação íntima, como um casal, quando um se coloca acima do outro, acreditem, nada mais é que a insegurança e o medo de não ser respeitado, de não estar certo. Porque, se eu não estiver certo, parece que sou fraco, que sou menor.

A estratégia que essa pessoa utiliza é embasada no ego. Isso nasce de algumas necessidades que não foram atendidas, levando a uma estratégia negativa.

Quantas vezes não observamos pessoas passando por cima das outras? Quando eu identifico esse comportamento, logo digo para mim mesmo: "Essa pessoa está com medo". Não me abalo diante de pessoas assim. Na realidade, sinto piedade e compaixão, porque meu trabalho compreende isso.

O maior desafio é entender as estratégias que utilizamos. Estratégias de sentimento, atitude, pensamentos... Quando começamos a entender de onde vem tudo que acontece conosco, emocional, mental e fisicamente, tudo começa a fazer sentido.

***

Dando continuidade às reflexões iniciadas no capítulo anterior, com o teste de Richard Barrett, proponho agora um breve exercício para nos aprofundarmos no entendimento de nossas emoções, ajudando-nos a ter consciência sobre nossos comportamentos. Ao listarmos as emoções que mais valorizamos, e também aquelas que queremos evitar, aprendemos a lidar melhor com nossos medos e nossas crenças limitantes.

INVENTÁRIO PESSOAL

Quais emoções você valoriza mais?

Por favor, veja quais dos itens abaixo se aplicam ao seu menu de emoções mais importantes e dê a eles uma nota de 0 a 10.

EMOÇÃO	VALOR
Amor	
Aceitação	
Alegria	
Aventura	
Certeza	
Doação	
Controle	
Crescimento	
Inteligência	
Liberdade	
Realização	
Reconhecimento	
Saúde	
Segurança	
Sucesso	

Quais emoções você mais evita sentir?

EMOÇÃO	VALOR
Rejeição	
Humilhação	
Fracasso	
Solidão	

(continua)

(continuação)

Depressão	
Tristeza	
Raiva	
Medo	
Desprezo	
Controle	
Mentira	
Decepção	
Ciúme	
Desaprovação	
Insegurança	

Por qual motivo você viveu até hoje? Sobre o que foi sua vida até agora?

1. Qual tem sido o foco primordial de sua vida? Onde/em que você consumiu seu tempo, sua energia, sua vida?

2. Descreva dois (2) eventos/fatos que deram forma à sua vida (acontecimentos a partir dos quais você e sua vida nunca mais foram os mesmos) e o que você aprendeu com eles.

Quais são as crenças que deram forma a sua vida?

1. Quais são suas principais crenças a respeito da vida?

2. Quais são suas principais crenças a respeito das pessoas?

3. Quais são suas principais crenças a respeito de trabalho?

4. Quais são suas principais crenças a respeito de dinheiro?

5. Quais são suas principais crenças sobre o amor?

6. Quem você acredita que é? Se você tivesse que se descrever para alguém, o que diria sobre si mesmo?

7. O que está faltando em sua vida? O que é necessário para você ter ou ser?

8. O que você gostaria de fazer em sua vida para se considerar completamente realizado?

9. Se você fosse bilionário, o que mudaria na sua vida e o que não mudaria?

10. Qual/quais são seus maiores medos?

ENCARANDO A VERDADE

12

> "A voz de nosso eu original muitas vezes é abafada,
> subjugada e até sufocada pelas vozes das expectativas
> alheias. A língua do eu original é a do coração."
>
> *Julia Cameron*

Que historinhas você conta para si mesmo?

Depois de ter feito os testes propostos neste livro e ter refletido bastante sobre sua vida, você deve ter descoberto que, quando uma área não está boa, ou determinada energia não está fluindo bem, você apresenta um comportamento que geralmente o impede de andar para a frente.

A pergunta à qual vamos responder juntos agora é: que historinha estamos contando a nós mesmos que nos impede de fazer algo que seja realmente bom para nós? Por exemplo: que historinha você está contando a si mesmo que o impede de emagrecer, mesmo que todo ano pense que vai conseguir? Que historinha você está contando a si mesmo que o faz acreditar que não tem competência financeira para guardar dinheiro?

É assim mesmo que você pensa? "Eu nasci assim, eu cresci assim, eu sou mesmo assim, vou ser sempre assim...", um pouco da síndrome da personagem de Jorge Amado, Gabriela?

QUE HISTORINHA ESTAMOS
CONTANDO A NÓS MESMOS
QUE NOS IMPEDE DE FAZER
ALGO QUE SEJA REALMENTE
BOM PARA NÓS?

Há algum tempo, implantamos na minha empresa um programa corporativo de qualidade de vida. A cada três horas são distribuídas frutas, oferecemos uma sala específica para grupos de meditação e organizamos grupos de corrida aos finais de semana. A cada seis meses fazemos um programa de acompanhamento da parte física nos aspectos de saúde e bem-estar, com medição do percentual de massa magra, flexibilidade etc. Pegamos todos esses dados e estabelecemos metas para os funcionários. O programa chama-se "Equilibrarte". Quem bate as metas ganha um valor como recompensa. Fazemos isso para estimular o bem-estar e a qualidade de vida dos funcionários.

Pois bem: um rapaz que trabalhava na empresa não quis fazer parte do programa. Ele dizia que não tinha tempo e mostrou o cronograma do seu dia.

Meu sócio e eu ficamos impressionados com o fluxo que ele desenhou, e ele acabou nos convencendo. Alguns meses depois, surgiu a possibilidade de subsidiarmos o MBA para algumas pessoas, e nem pensamos nele, já que, como ele havia comprovado, não tinha tempo disponível.

No entanto, ele foi o primeiro a aparecer e reivindicar o subsídio. "Mas você não tem tempo", dissemos. Foi aí que ele conseguiu mudar toda a rotina e mostrou que conseguia ter meio período livre uma vez por semana.

Essa é uma história verdadeira, e ela nos deu um insight, pois explica exatamente como contamos historinhas para justificarmos nossos comportamentos. A verdade é que só priorizamos o que queremos.

Por exemplo: em 2008, escrevi na minha missão que queria ser um filho melhor. Eu dizia para mim mesmo: "Eu sou um filho melhor, sou um filho excelente, só não tenho tempo de visitar meus pais. Eles vão entender, minha vida é corrida, ajudo outras pessoas...". E por aí vai. Eu não telefonava, não visitava, não fazia nada. Até o dia que falei: "Cara, coloquei lá na minha missão que quero ser um filho melhor e estou contando uma historinha para inglês ver. Eu estou me sabotando! Eu conto essa história para mim mesmo, me convenço que está tudo bem, que não vai dar mesmo, e aí não faço".

Nós somos poderosos contadores de história. *Storytelling* é um negócio fantástico. Qual historinha você tem contado sobre sua própria vida para não apresentar resultados? Por exemplo, na parte física: "Não dá, eu não gosto de academia, não me sinto bem em ambientes fechados etc. etc.". Ou ainda: "Eu mereço um pouco de tranquilidade quando chego em casa. Já gastei toda minha energia trabalhando, de onde vou tirar mais energia para me exercitar?". Sendo que, na realidade, quando nos exercitamos *ganhamos* energia. Mas acreditamos na história que criamos para nós mesmos.

Foi em 2005 que decidi que escreveria um livro. Mas, sempre que começava, dizia a mim mesmo: "Não, não vou escrever agora porque as pessoas merecem um livro melhor, tenho que me preparar mais. Acho que tem muito livro por aí feito de qualquer jeito e eu não quero isso, quero uma coisa mais profunda e bem elaborada", me convencia.

Em outros momentos, dizia: "Ah, não, estou num momento da vida que sinceramente priorizo ficar com minha filha, me divertir, porque mereço fazer outras coisas... Faço tanto, trabalho tanto, realizei tanto já... não preciso disso". E procrastinava.

Muitas vezes eu ia para casa, estudava muito inglês e, no tempo que sobrava, quando minha filha já estava dormindo, gastava duas horas todo dia assistindo a séries de TV. Eu dizia a mim mesmo: "Eu mereço... E, além do mais, as histórias são fantásticas. Consigo fazer metáforas com meu trabalho e assisto em inglês, sem legenda".

Contamos histórias tão poderosas que acabamos mantendo os mesmos hábitos, e no fim do ano pulamos sete ondinhas e prometemos que no ano seguinte tudo será diferente: vamos parar de fumar, vamos emagrecer, vamos estudar. Empurramos as mudanças de atitude com a barriga.

A verdade é que temos que ter vergonha na cara e falar assim: "Vamos parar de contar essa história limitante que está nos impedindo de ter um resultado melhor na vida e mudar de uma vez?".

Vamos cortar o prazer momentâneo, porque algumas coisas que fazemos é para termos prazer imediato. A historinha que eu conto para me convencer a ter aquele comportamento não vai me ajudar a médio e longo prazo, embora pareça que ajude naquela situação. Por exemplo, a TV era um prazer momentâneo, até eu cortá-la da minha vida. E cortei radicalmente, porque era o momento de parar de acreditar na minha historinha.

É impressionante, em todos os aspectos, porque depois disso passei a realizar muitas coisas. E as pessoas me perguntam: "Onde você arruma tempo para isso?". Minha resposta é: "Cara, estou mais eficiente e mais focado. Parei de contar essa história falsa, comecei a contar uma história nova para mim".

Quando analisar sua "roda da vida" – ou seja, as oito áreas essenciais de sua vida: saúde, família, relacionamento íntimo, produtividade, financeiro, profissional, intectual e espiritualidade –, você pode se perguntar:

- Que historinha você tem contado hoje para, por exemplo, deixar de ajudar ao próximo? "Não, já tenho tanta coisa para fazer, não dá."
- Que historinha você tem contado para não se conectar mais com seus amigos? Você tem deixado de lado sua vida social, sem se relacionar com pessoas significativas que podem gerar outras oportunidades na sua vida, pessoas que já te fazem melhor só pelo fato trocar ideias com elas? Sempre falo que a amizade verdadeira multiplica as coisas boas da vida e divide as ruins.
- Que historinha você tem contado para não cuidar da área financeira? "Ah, não, é muito chato controlar dinheiro, não quero, não gosto. Dinheiro é consequência, uma hora vem."
- Que historinha você tem contado para não evoluir profissionalmente? "Não, aqui na empresa nada muda." Isso é o que comumente ouvimos.

***

Como nascem os modelos mentais de uma crença? Eles nascem justamente através das historinhas que contamos para nós mesmos.

Primeira coisa: a crença pode vir de um sentimento originado em uma situação do passado e ser ativada por meio de um ambiente, que de alguma maneira me faz reviver essa situação do passado. Porque, antes de vir o pensamento, pode vir um sentimento, algo que percebemos inconscientemente em determinado ambiente (pois é dele que recebemos informações).

Dessa forma, criamos círculos viciosos, porque estabelecemos padrões de pensamento. "Eu acredito que, se eu continuar aqui assistindo à TV, vou relaxar, mas eu mereço isso porque eu trabalho muito duro."

É assim que o modelo mental gera uma crença, que gera determinado comportamento. Como acredito naquilo, repito o comportamento, que leva a um estado que reforça a crença. É, de fato, como um círculo vicioso.

Por exemplo, o modelo mental de um líder que participou de um de meus treinamentos era: "É mais fácil fazer do que ensinar". Qual era o desafio dele? Não delegava, não confiava. Lancei então a seguinte provocação: "Como isso surgiu na sua vida?". Ao que ele respondeu: "Meu pai, que era uma pessoa sábia, sempre me falava: 'Se você quer algo, faça você mesmo, não espere nada dos outros'". O líder acreditava nisso, não delegava, centralizava as atividades e tarefas. Mesmo com sobrecarga de trabalho, as coisas saíam no prazo, e ele dizia: "Está vendo?", apenas comprovando a própria crença.

O efeito colateral disso é que a equipe dele não se desenvolvia, porque não era treinada para isso. Quando ele decidiu delegar uma tarefa pela primeira vez e deu errado, ele me disse: "Olha, deleguei e não deu certo... Está vendo como não funciona?". Esse líder nunca treinou nem deu espaço a ninguém, e entrou nesse círculo vicioso da crença que é limitante e negativa.

***

"Quando eu me relacionava com as pessoas, me sentia presa. Hoje, sozinha, estou bem melhor, mais feliz", dizia uma amiga. Aí ela criava uma couraça, uma barreira, um escudo protetor, e não deixava ninguém acessar sua vida, porque estava no controle da sua história. Essa história limita e bloqueia. Outra história comum é dizer: "Demonstrar fragilidade para as pessoas é ruim. Elas vão te engolir, te enganar, vão pisar na sua cabeça".

Ao deixar de ser transparentes, as pessoas se fecham para as relações. Qual o aspecto positivo disso? Não demonstrei meus sentimentos e cumpri as metas, realizei o que tinha prometido. Mas esse aspecto positivo tem um efeito colateral: as pessoas se afastam, não se aproximam. Mas, como existe um lado positivo que me traz benefício, acabamos olhando apenas para esse lado, e deixamos de ter consciência dos efeitos colaterais. Eu não estou afirmando que pensar de outra maneira vai trazer apenas benefícios, só estou dizendo que isso é muito limitante.

Outro dia, conheci um executivo que achava que, se não se posicionasse, não seria respeitado. Perguntei a ele o que fazia para se posicionar, ao que ele respondeu:

– Eu falo, vou direto ao ponto e não dou abertura a ninguém. É assim que funciona.

Quando conversamos mais a fundo, ele disse que aquilo era mais forte do que ele. Tratava a esposa de maneira pejorativa e ela ficava calada. Ele achava que, daquele jeito, ela estava demonstrando respeito por ele.

– Teve alguém que não te respeitou ao longo da sua vida? – perguntei.

Aí ele parou, lembrou e começou a chorar.

– Minha mãe se separou do meu pai e ele foi embora, me abandonou. Minha mãe, então, se casou novamente. Meu padrasto tinha um saco de pesca e eu queria muito mexer naquilo, porque tinha vontade de pescar. E ele falou: "Quer pescar, moleque?", e então me pegou pelas pernas e me colocou de cabeça no rio. Fiquei traumatizado com aquilo e desde aquele dia me fechei. Eu tinha raiva, então aprendi a me posicionar, a me colocar. Até hoje, minha mãe fala comigo e eu sou reativo, maltrato ela. Ela tenta se aproximar, mas sou agressivo, tenho raiva. Essa foi a única forma que encontrei de me proteger.

Depois daquele desabafo, que nos ajudou a encontrar a origem daquele comportamento, perguntei:

– Se você continuar agindo desse jeito, o que pode acontecer com seu filho?

Foi aí que ele se deu conta do modelo que estava reproduzindo. Esse é o poder dos modelos mentais.

Ao contrário desse executivo, a grande maioria dos profissionais com quem trabalho, nas empresas, têm outro modelo mental: "Se eu for franco, as pessoas não vão gostar de mim. Vou falar o que realmente penso? Imagina! Só digo o que o outro quer ouvir e mantenho bons relacionamentos". Hoje valorizo muito aqueles que falam o que pensam. Arthur, meu sócio, é pragmático. Na época em que eu estava gordo, todo mundo falava que eu estava bem. Eu estava 22 quilos mais gordo, sem energia, e todo mundo falava: "Calma, você está bem, esse momento vai passar".

A verdade dita por Arthur me incomodou, mas mesmo assim eu mudei. Os melhores amigos falam o que precisamos ouvir. É lógico que é essencial trabalhar a forma como dizemos as coisas. Algumas pessoas não falam porque o outro não vai gostar e talvez não goste mesmo. Mas é preciso ser verdadeiro.

Modelo mental não é uma ciência, não pode ser comprovado. Mas eu *acredito* nisso. Dedico tempo e energia para oferecer ajuda àqueles que também acreditam. E é como o efeito Pigmaleão (que expliquei lá no começo do livro, no Capítulo 5): a realidade pode ser influenciada pela expectativa dos outros. E essa influência pode ser negativa ou positiva, dependendo do rótulo que um indivíduo recebe.

Acredito que todas as pessoas têm infinitas possibilidades de se desenvolver e que nosso conjunto de valores muda nossa identidade. Essa é a crença consciente que decidi adotar sobre as pessoas.

Quando identifico um líder comprometido em mudar, sei que ele tem o objetivo de se tornar "desnecessário", ou seja, é aquele líder que sabe delegar, que faz com que os liderados se desenvolvam e acredita nas pessoas.

Eu acredito que, se continuar estudando, ler um livro por mês, investir 30 minutos por dia em estudos, cursos e outras coisas, vou crescer profissionalmente. Porque, se queremos investir em nós mesmos, teremos abundância. E crescemos em vários aspectos. Eu acredito nisso, e essa é minha crença potencializadora. Vamos falar sobre isso mais adiante.

* * *

Sugiro que você pare de ler este livro agora e tente absorver esses conceitos. Lembra que falei que, quando fazemos exercícios, é no relaxamento que o músculo cresce? Então, dê uma pausa e, quando sentir que é a hora de retomar a leitura, esteja pronto para se desenvolver.

Enquanto isso, proponho que faça um teste para que encare de maneira objetiva – ou seja, sem contar historinhas para si mesmo – como vão as cinco energias da sua vida. É uma chance de ter um retrato claro do seu momento e refletir sobre maneiras de melhorar.

AVALIAÇÃO DAS CINCO ENERGIAS

Para preencher cada uma das avaliações a seguir, use a escala de pontuação indicada abaixo.

PONTUAÇÃO

1 Nunca

2 Quase nunca

3 Algumas vezes

4 Usualmente

5 Constantemente

6 Quase sempre

7 Sempre

ENERGIA FÍSICA

Eu durmo de seis a oito horas por noite.	
Faço uma refeição ou um lanche aproximadamente a cada três horas durante o dia e nunca passo mais do que quatro horas sem comer.	
Faço pausas regularmente durante o trabalho para recuperar minhas energias.	
Consumo pequenas refeições e evito me sentir com o estômago cheio.	
Tenho facilidade em acordar de manhã.	
Tomo café da manhã todos os dias.	
Sou fisicamente magro.	
Meu sono é profundo e tranquilo.	
Sinto-me energizado depois das refeições, nunca sonolento ou lento.	
Utilizo o exercício como forma de aliviar o estresse.	
Pratico exercícios físicos pelo menos cinco vezes por semana	
Tenho água comigo todo o tempo e bebo constantemente durante o dia.	
Tenho uma rotina bem estabelecida para exercícios físicos regulares.	
Sinto-me alerta, bem-disposto e produtivo no trabalho sem consumir cafeína.	

(continua)

(continuação)

Sinto-me confortável ao deixar comida no meu prato no final da refeição.	
Sempre me alongo depois de qualquer exercício físico.	
Incluo todos os grupos de comida (grãos, proteína, frutas e vegetais) na minha dieta diária.	
TOTAL	

ENERGIA MENTAL

Tenho uma rotina de preparação mental diária, o que me mantém positivo e estimulado.	
Faço uma coisa de cada vez ao invés de assumir múltiplas tarefas.	
Antes de eventos importantes, ensaio mentalmente como eu quero que seja meu desempenho.	
Chego sempre pontualmente a reuniões e outros compromissos.	
Mantenho o foco nas minhas prioridades em todas as áreas da minha vida.	
Estou no controle do meu tempo.	
Eu me mantenho atento por um longo período de tempo.	
Transmito otimismo e esperança.	
Estou mentalmente alerta e afiado no trabalho.	
Sinto-me organizado e mentalmente preparado para fazer meu trabalho todos os dias.	
Não sou apressado ou desesperado.	
Não me distraio facilmente.	
Sou capaz de pensar de forma clara e lógica no trabalho, mesmo em condições de alta demanda.	
Administro meu tempo de forma eficiente no trabalho.	
Sinto mais desafio e oportunidade do que frustração e chateação no trabalho.	
Sou colaborativo (divido os planos, informações e recursos).	
No fim do dia, sou verdadeiramente capaz de deixar para trás os pensamentos relativos a trabalho.	
TOTAL	

ENERGIA EMOCIONAL

Eu tenho amigos próximos e os mantenho.	
Expresso meus sentimentos de forma afetuosa.	
Sou emocionalmente equilibrado.	
Estou ciente sobre o modo como meu comportamento afeta os outros.	
Uso do humor para quebrar a tensão e fazer os outros se sentirem confortáveis.	
Estou disposto a assumir riscos.	
Não reajo de forma exagerada ou dramática.	
Persisto em um objetivo mesmo quando encontro obstáculos e problemas.	
Eu, efetivamente, administro os conflitos ao invés de fugir deles.	
Divirto-me muito no meu trabalho.	
Tenho um alto nível de energia emocional positiva no trabalho.	
Reajo de forma apropriada e adaptável aos desafios.	
Eu me dou bem com meu chefe.	
Eu me dou bem com meus colegas.	
Sou seletivo sobre onde invisto minha energia para maximizar meu desempenho e minhas relações.	
Eu desafio mais do que ameaço os outros.	
Evito desperdiçar energia ficando triste em relação às coisas sobre as quais possuo pouco ou nenhum controle.	
TOTAL	

ENERGIA ESPIRITUAL

Eu tomo decisões baseadas nos meus valores, o que reflete coerentemente uma visão bem definida.	
Eu sinto um forte senso de propósito na minha vida.	
Meu propósito de vida guia minhas ações todos os dias.	
Prefiro ficar desempregado a abrir mão de meus valores.	
Sou uma pessoa em quem se pode confiar.	
Tenho coragem para expressar minhas convicções.	

(continua)

(continuação)

Sou honesto comigo mesmo, mesmo quando é difícil ser.	
Eu vivencio sentimentos de profunda satisfação ou alegria na minha vida.	
Princípios e crenças claramente estabelecidos por mim governam minhas ações.	
Sou apaixonado pelo meu trabalho.	
Minhas ações no trabalho são condizentes com meus valores mais profundos.	
Sinto que meu trabalho me completa pessoalmente.	
Meus valores pessoais são consistentes com meus valores organizacionais.	
Sinto-me completamente engajado no trabalho.	
Sinto-me agradecido e aprecio tudo o que tenho.	
Reservo um tempo, todos os dias, para conectar minhas atividades com minha missão pessoal ou profissional.	
Eu passo um tempo sozinho refletindo, meditando ou rezando.	
TOTAL	

ENERGIA FINANCEIRA

Sei exatamente quanto eu ganho e quanto eu gasto.	
O que eu ganho é suficiente para arcar com todos os meus gastos.	
Meu salário é suficiente para todo o mês.	
Pago minhas despesas em dia, e geralmente à vista.	
Cumpro meu orçamento mensal e anual.	
Consigo fazer alguns investimentos com minha renda.	
Poupo para planos de curto, médio e longo prazo.	
Não faço compras por impulso e digo "não" com facilidade a impulsos consumistas.	
Costumo controlar meus gastos e não gasto mais do que ganho.	
Planejo e me preparo para minha aposentadoria.	
Se algum imprevisto financeiro acontecer, consigo me manter por alguns meses.	
Consigo realizar meus sonhos com o dinheiro que eu ganho.	
Consigo diferenciar minhas necessidades dos meus desejos.	

(continua)

(continuação)

Planejo com antecedência as despesas extras e sazonais, como IPTU, IPVA, férias, Natal etc.	
Tenho o hábito de reavaliar constantemente meus gastos, eliminando o que não é essencial e o que não está compatível com meu estilo de vida.	
Costumo pesquisar preços e relação de custo-benefício antes de realizar qualquer compra.	
Meu padrão de vida é adequado aos meus ganhos, sem excessos.	
TOTAL	

RESULTADO

Tabule seus resultados no gráfico a seguir de acordo com as somatórias obtidas nas cinco energias. Assim você verá qual aspecto deve ser mais bem trabalhado, se sua energia física, mental, emocional, espiritual ou financeira.

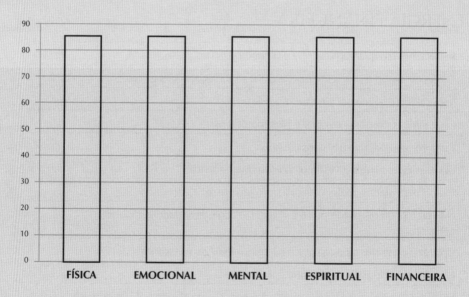

PARTE V
TRANSFORMAÇÃO ESSENCIAL – REPROGRAMANDO AS CRENÇAS

"Comece tudo o que pode fazer, ou que sonha que pode fazer.
A ousadia tem genialidade, poder e mágica." – *Goethe*

PARTE V

TRANSTORNO DE ESSENCIAL NEUROBIOLÓGICO ESPORÁDICO

DETECTANDO OS GATILHOS

13

> "Tudo que a mente consegue conceber e
> acreditar o corpo consegue atingir."
>
> *Napoleon Hill*

As historinhas que contamos a nós mesmos no dia a dia muitas vezes nos impedem de adotar novos comportamentos. Elas impedem que realizemos algo ou então corroboram a existência de uma crença limitante.

Mas existe ainda outro fator a ser abordado nesse contexto: nosso estado emocional. Algumas pessoas se viciam no estado emocional ruim, de depressão, de letargia. Às vezes, esses estados emocionais negativos são acionados por gatilhos. E temos que nos perguntar quais são os gatilhos que nos levam a isso.

Por exemplo: vários de meus clientes relatam que, quando se deparam com uma pessoa que tem o estilo dominador, eles travam. Isso é um gatilho mental que limita, porque carrega uma história do passado e faz com que vivenciemos novamente esse sentimento antigo e familiar.

Nesse caso, a limitação não tem nada a ver com contar uma historinha a nós mesmos, mas sim com o que me impede de tomar uma ação. Vou usar como exemplo uma questão relacionada com o ego: quando vejo alguém elogiando outra pessoa e eu não recebo elogio. Aí entro num diálogo interno, e meu corpo começa a dar sinais desse diálogo interno negativo, pois abaixo a cabeça, os ombros pesam... E fico me perguntando: "E eu? Será que também não mereço? Puxa, olha quantas coisas eu faço... Por que não fui elogiado? Que sacanagem, é muito injusto isso... Será que não sou bom o suficiente? Será que o chefe pensa que não sou bom? Não, não é possível...". Nesse caso, o gatilho que deu origem a esse estado emocional foi a situação de não ter recebido um elogio.

Quando dou início a esse diálogo interno, estou criando lixo mental. E se performance é igual potencial menos interferência (como vimos no Capítulo 3), quando criamos lixo mental, geramos interferência e prejudicamos nosso potencial.

Quando pesquisamos a história das pessoas, entendemos melhor toda a consequência de fatos passados na vida presente. "Ah, meu pai elogiava meu irmão, mas nunca me elogiava...", é o que dizia um amigo. Então, ele ficava preso na autopiedade gerada nessa situação de sua infância.

O gatilho é, na maioria das vezes, despertado pelo ambiente – seja pelo que eu vejo, pelo que eu escuto ou pelo que sinto. Pode ser o aroma de um perfume, uma determinada paisagem, o sabor de uma comida, uma música, um filme ou alguém com um jeito específico, todas as experiências podem servir de gatilho e despertar emoções.

Muitas vezes, alguma situação ou cena de sua vida exerceu um forte impacto em você, mas por muitos anos ficou lá, fechadinha em sua mente. Aí, muito tempo depois, algum gatilho faz ressurgir aquele estado mental, e você trava. A situação ainda está lá, você não a resolveu. Ela irá aparecer de alguma forma no decorrer da sua vida – como aconteceu comigo durante um exame, que me fez reviver a história da morte de meu pai (veja o Capítulo 11).

Por exemplo, se eu perguntar a uma pessoa: "O que vem à sua mente quando você ouve a palavra 'Natal'?", alguns podem dizer "família", outros "comida"; para outros pode ocorrer a palavra "presente". Mas, para outros, pode vir "nossa, meu pai morreu no Natal". Ou seja, o significado que damos para as coisas é bem diferente. É sempre de acordo com nossa história pessoal e experiência de vida.

Ao analisar nossa linha do tempo, descobrimos os gatilhos mentais que nos levam a situações limitantes e que dão início às crenças limitantes. E é a partir das crenças limitantes que começamos a criar nossas historinhas também.

Quando entendemos quais são nossas crenças limitantes, compreendemos quais são os principais gatilhos mentais que nos levam para aquele estado, o que por sua vez nos faz entrar num círculo vicioso, e isso conversa diretamente com aquelas emoções que evitamos sentir (sobre as quais falamos no capítulo anterior).

Outro exemplo: suponhamos que o gatilho mental seja ver minha esposa levantar o nariz e falar de maneira grosseira comigo. Isso me leva a fazer a mesma coisa, porque não admito que alguém levante o tom comigo, eu me sinto desrespeitado e diminuído.

Qual seria um comportamento melhor ao invés de fazer a mesma coisa? Dar um passo atrás e pensar: "O.K., isso não me pertence, não discuto com quem briga e grita comigo". Isso seria a reação mais positiva, talvez.

Em outras situações, por outro lado, a reação mais positiva é se posicionar, já que há pessoas cujas reações em função desse mesmo gatilho mental é abaixar a cabeça, iniciando uma série de pensamentos negativos: "Ah, tudo bem, não vou brigar, ela está nervosa". A pessoa deixa de reagir porque tem medo. E tem medo do quê? "Se eu falar o que penso, o outro pode não gostar de mim." Então a pessoa passa a aceitar tudo. Muitos tentam agradar todo mundo para não se sentirem rejeitados e terem atenção. Nesse caso, qual seria uma atitude melhor? Seria justamente o oposto de se calar, seria se posicionar. "Não, espera aí! Eu também tenho meu ponto de vista", e podemos colocar nosso ponto de vista com calma, sem sermos agressivos.

***

Qual deve ser a estratégia para lidar com os gatilhos emocionais ou mentais que aparecem em nosso caminho? Primeiro passo: identificar quais são os gatilhos mais recorrentes, aqueles que fazem com que você entre em contato com emoções ou sentimentos que te limitam, ou que estejam relacionados com as crenças que hoje não te deixam sair do lugar.

Uma vez mapeadas essas emoções e crenças, fazemos o quê? É hora de começar a mudar essa história. Costumo dizer que o grande lance de fazer uma transformação essencial é identificar o que deve ser mudado.

Durante os treinamentos que conduzo, vou, aos poucos, criando novos gatilhos mentais nas pessoas, vou provocando. Por exemplo: o grande gatilho mental positivo que tenho hoje é ler minha missão escrita na porta da geladeira todos os dias. Transformei esse ritual em um gatilho. O simples fato de ler minha missão estampada já me traz bem-estar, automaticamente.

Também criei o que chamo de "círculo de excelência". Aprendi isso há uns 15 anos. É só eu fechar os olhos e visualizar todas as coisas boas que aconteceram na minha vida, meus melhores momentos, minha linha do tempo. Todos os momentos de coragem, de alegria, de satisfação, ou seja, tudo que foi bom e me traz sensações boas. E o melhor é que posso acessar isso sempre que quero me sentir bem.

A primeira vez que minha filha falou "papai" foi no Dia dos Pais quando ela tinha 1 aninho. Ela estava indo com minha esposa para a casa de meus sogros e, antes de saírem, a Lara disse "papai".

Isso é uma das coisas mais preciosas do meu círculo de excelência. Quando recebo um elogio ou um reconhecimento muito significativo, logo jogo para meu círculo de excelência, e consigo resgatá-lo a qualquer hora. Basta recordar esses momentos que já sinto a emoção. Só que eu tenho que ajudar meu corpo a se conectar com esses sentimentos. Coloco a mão sobre o coração, fecho os olhos e, de repente, todas as emoções vêm.

CRIEI O QUE CHAMO DE "CÍRCULO DE EXCELÊNCIA". É SÓ EU FECHAR OS OLHOS E VISUALIZAR TODAS AS COISAS BOAS QUE ACONTECERAM NA MINHA VIDA, MEUS MELHORES MOMENTOS, MINHA LINHA DO TEMPO. TODOS OS MOMENTOS DE CORAGEM, DE ALEGRIA, DE SATISFAÇÃO, OU SEJA, TUDO QUE FOI BOM E ME TRAZ SENSAÇÕES BOAS. E O MELHOR É QUE POSSO ACESSAR ISSO SEMPRE QUE QUERO ME SENTIR BEM.

Sempre faço isso antes de ministrar palestras importantes, por exemplo. Essa estratégia é minha, porque sei que essa postura de meu corpo gera pensamento, pensamento gera lembrança, que por sua vez gera sensações. Vem tudo misturado. Perceba que, com essa prática, alinhando lembranças positivas e sentimentos, criei praticamente uma *sequência de fogos de artifício* cheia de emoções boas baseadas em situações que vivi.

Isso não faz com que eu mascare os sentimentos, pelo contrário: resgato essa sensação para dar o melhor de mim e enfrentar os problemas da minha vida.

Mas o que as pessoas fazem comumente? Elas criam círculos de *ineficiência* ao invés de criarem círculos de excelência. Ficam curtindo uma fossa, colocam uma música para piorar a situação, não cuidam da aparência, deixam de fazer atividade física... Ou seja, colaboram para aquele estado ruim ficar ainda pior.

É lógico que, quando estamos mal, não temos vontade de fazer nada. Mas colaborar com esse estado é bem pior, pois dessa forma despertamos outros gatilhos ruins. E a energia e vibração vão baixando, fazendo com que a pessoa atraia energias parecidas.

Vamos recordar o que Amy Cuddy, pesquisadora e professora de Harvard, diz no livro *O poder da presença*: "Fique por dois minutos na postura corporal da Mulher-Maravilha". Segundo a pesquisadora, depois desses dois minutos, o organismo passa a receber uma mudança química. Isso é um fato comprovado. Você se sente, de fato, diferente.

Ou seja, se é cientificamente comprovado que essa postura ajuda nosso organismo, por que não fazê-la para ajudar a si mesmo?

***

Quando criamos rituais para atividades físicas ou quando decidimos melhorar alguma coisa, nós nos energizamos. Isso tudo está ligado com a qualidade do pensamento e com a qualidade dos tipos de gatilho que criamos.

Portanto, se conhecemos o mecanismo, basta criar gatilhos positivos.

Para contarmos novas histórias a nós mesmos, trabalharmos nossas crenças e estabelecermos novos gatilhos mentais positivos em relação a todos os sentimentos e emoções que buscamos sentir na vida, temos que começar a contar uma história diferente para nós mesmos.

Mas como podemos escrever uma nova história?

Pegue papel e caneta, relembre cada história velha que você contava a si mesmo e escreva uma nova história, uma que seja da alma para o ego. A seguir, você encontra um exemplo.

CARTA DA ALMA PARA O EGO

> "Devemos começar a nos ver como uma alma com um corpo, em vez de um corpo com uma alma."
>
> *Wayne Dyer*

Algumas destas situações certamente já aconteceram em sua vida:

- você se sentiu contrariado, ficou nervoso e o seu tom de voz subiu;
- seu companheiro/sua companheira te criticou;
- seu funcionário não se comprometeu com os resultados;
- duvidaram da sua palavra;
- questionaram alguma de suas ideias;
- discordaram de você.

No piloto automático e num estado menos consciente, diante disso você começaria a:

- usar exaustivamente da sua oratória e capacidade de persuasão para tentar convencer o seu interlocutor da sua ideia;
- elevar o tom de voz, reagindo aos argumentos do interlocutor;
- racionalizar o problema;
- atacar a ideia do outro com palavras, de forma pouco construtiva, posicionando-se como dono da verdade;
- não dar feedback, evitando enxergar a situação, para não desagradar a outra pessoa.

Mas tudo isso teria apenas o intuito de satisfazer a sua necessidade de:

- ser o melhor;
- ser perfeito;
- não errar;
- ser respeitado.

Acontece que, agindo assim, a duração do prazer gerado por esses sentimentos é muito curta, e logo isso vai provocar outros efeitos indesejados. Você passará a:

- não enxergar situações;
- afastar pessoas, diminui-las, desmotivá-las;
- trazer insegurança para relacionamentos.

Então agora compreenda que essa situação só te afetou porque disparou o seu maior medo, que é:

- não ser o melhor, ou não ser melhor do que seu pai/sua mãe.

E você e eu sabemos que o medo é uma dor do passado, projetada no futuro. Agora nós podemos escolher fazer diferente. Lembre que:

- você não tem que ser melhor do que seu pai/sua mãe, nem precisa ser melhor do que os outros; você deve ser o *seu* melhor.

Feito isso, comece a:

- praticar a humildade;
- refletir sobre o perdão;
- não ser tão duro com o próximo;
- ouvir genuinamente os outros;
- acolher a ideia dos outros;
- usar a inteligência coletiva.

Agindo assim, nós vamos celebrar juntos quando um dia olharmos para trás e virmos quanto evoluímos. Vamos celebrar a pessoa bacana, leve, companheira e, sobretudo, motivadora que nos tornamos, inspirando os outros a viver a vida de uma forma melhor.

***

A carta acima é apenas um exemplo. Cada pessoa deve escrever a sua própria carta, a fim de enfrentar determinados gatilhos emocionais. O fato de escrevê-la vai te ajudar de que forma? No momento que estiver entrando numa armadilha e não se sentir bem, você pode reler sua carta. Também pode lê-la todas as manhãs, como um ritual de bom-dia. Leia sua missão, assim como eu faço, estampada na porta da geladeira, se decidir colocar lá. Ao adotar esses comportamentos, aos poucos você vai começar a perceber uma mudança.

Uma vez, um coach americano me deu um gatilho de presente. Em 2011, fui para o Centro de Liderança Criativa (CCL), que fica na Carolina do Norte, para fazer um curso de formação de liderança. Trata-se de um treinamento que trabalha sua capacidade de liderar pessoas que lideram pessoas. Passamos uma semana inteira trabalhando autoconhecimento.

Lá, recebi o resultado de minha avaliação 360°, em que alguém havia escrito: "Tenho medo de falar com o P.A.". O primeiro sentimento que me ocorreu foi: "Como assim?".

E me questionei, olhando para meu ego: "Sou legal com todo mundo. Escuto as pessoas, tenho um bom coração, desenvolvo as pessoas, o que está acontecendo?". Foi muito louco, porque fiz uma análise da minha história: lembrei que eu era muito legal com as pessoas, até um pouco paternalista, e por isso fui à falência na época de minha primeira empresa.

Esse feedback me machucou, porque eu pensei: "Eu não sou assim". Mas, se eu não sou assim, será que tenho um comportamento assim? Fiquei analisando e pensando: "De onde vem isso?".

Então, comentei com esse coach americano sobre tal resultado. Ao que ele respondeu:

– Aqui, vi que você interagiu com todo mundo, liderou a galera, foi inspirador para alguns porque conseguiu se colocar no lugar de todos, sendo flexível até mesmo nas situações mais adversas.

Quando voltei ao Brasil, percebi meu comportamento e o porquê daquele feedback: eu estava tão focado nas reuniões que não dava atenção para as pessoas. Se eu precisava atender alguém, e se qualquer outra pessoa me abordava com um perfil mais doce e menos objetivo, eu ficava sem paciência. E isso passava a imagem de arrogante.

Aí, certa vez um coach me disse:

– Pegue seu celular e cole aqui atrás o símbolo do *pause*. Ou coloque um carimbo na sua mesa. Sempre que você tiver vontade de enforcar o outro, ao invés de ficar contando até 10 e respirando, olhe para a tecla *pause* e perceba quanto é importante você ficar quieto naquele momento.

Isso funcionou. Quando fui testar o *pause* e conversar com as pessoas, elas diziam:

– P.A., às vezes eu venho te contar as coisas e você está tão pilhado, pensando em mil coisas ao mesmo tempo, que, quando ouve o que te conto, você responde "legal", sem nenhuma conexão.

Isso foi a morte para mim, porque sou conhecido pela minha capacidade de conexão com o outro. Escutar isso me fez perceber quanto eu estava errado.

A tomada de consciência que tive fez com que eu adquirisse novos hábitos. Hoje, como eu evito ficar pilhado? Home office. Então, o que eu faço? Trabalho em casa, eliminando pendências e resolvendo problemas por telefone. Depois, venho tranquilo para o escritório, tomo café, converso com as pessoas, me conecto.

14

RITUAIS: A CEREJA DO BOLO

"Seu passado não é seu potencial. A qualquer momento é possível liberar o futuro. Em última análise, no fundo, nós sabemos que o outro lado de todo medo é a liberdade."

Marilyn Ferguson

Sabemos que 95% das coisas que fazemos é inconsciente.

Segundo estudos de psicologia, o primeiro estágio do aprendizado é a *incompetência inconsciente*. O segundo estágio é a *incompetência consciente*. O terceiro estágio é *competência consciente*. Por fim, o quarto estágio é a *competência inconsciente*.

O primeiro estágio pode-se chamar de estágio do ignorante. Uma pessoa limitada no mundo dela, que inconscientemente ignora o que não sabe, ou seja, ela não tem consciência do que não sabe. Quando eu me torno consciente da minha incompetência em relação a algumas coisas e, sobretudo, dos principais motivos da minha incompetência, começo a descobrir quanto não sei e passo a trabalhar minhas incompetências – é o segundo estágio. Mesmo eu, que estudo liderança há bastante tempo, sempre que leio algo novo descubro quanto não sei. O ser humano é um campo de estudo inesgotável. Quanto mais estudo, mais percebo que não sei.

Mas chega um momento ao longo da nossa trajetória de estudo que acreditamos que sabemos tudo. Esse é o terceiro estágio, de competência consciente, quando a pessoa começa a desenvolver conscientemente suas competências. Também chamo esse estágio de estágio de confusão – afinal, é no momento em que começamos a aprender de verdade e desenvolver a competência consciente que mais erramos, o que pode gerar muita confusão, nos tirando de nossa zona de conforto. Um exemplo básico é quando uma pessoa estuda por anos uma segunda língua e, quando viaja para o exterior, percebe que está sendo compreendida pelos outros – e compreendendo o que os outros dizem – de forma muito eficiente. Ou seja, ela agora tem a consciência de que é competente no idioma. O aprendizado acontece quando saímos de nossa zona de conforto e nos sentimos desafiados. Assim entramos num ponto crucial para nosso desenvolvimento, e é nesse momento que muitos desistem e que surge uma certa "confusão", porque a situação fica mais complexa. Se você supera essa barreira, está entrando de vez na maratona.

Quando determinada competência em nossa vida se torna tão internalizada que nem mais lembramos que precisamos desenvolvê-la, significa que atingimos o quarto estágio, a *competência inconsciente*. Mantendo o exemplo da pessoa que estudou inglês, é quando ela começa a já pensar no idioma e nem percebe mais que aquela competência precisa ser desenvolvida. No entanto, para sustentar esse quarto estágio, é preciso estabelecer rituais nas diferentes áreas da vida que queremos desenvolver. Quando criamos esses rituais, as habilidades se tornam internalizadas.

O ritual vem antes da disciplina. Por exemplo, sou disciplinado para atividades físicas, essa característica eu já tenho. Mas, se eu não criar um ritual, é bem provável que eu desista de me exercitar. No meu caso, meu ritual é fazer atividades físicas seis vezes por semana, durante 1 hora, a partir das 5h30 da manhã. Meu sócio, por exemplo, tem um blog e todo domingo às cinco da tarde escreve um artigo novo.

Ele diz que, para conseguir fazer essa tarefa, precisa apenas seguir um ritual específico dele, atrelado a algo muito importante e significativo.

O autor Jim Collins, no livro *Feitas para vencer*, conta o caso de uma pessoa que andava 20 milhas por dia e poderia andar mais se quisesse, mas parava para descansar. Outra pessoa andava 40 milhas, mas chegava ao seu limite e nos dias seguintes estava morta de cansaço. Mas a pessoa que andava 20 milhas andava mais no dia seguinte, e com consciência chegava lá. Ou seja, a pessoa tinha um ritual de sempre descansar, e isso fazia com que ela chegasse mais longe.

Isso conversa com a história do monge e escritor Anselm Grün. Eu estava fazendo um retiro no Mosteiro de São Bento em Vinhedo, com meu mentor espiritual Osmar Ludovico, e em determinado momento comecei a folhear um monte de livros do Anselm. Olhei para Dom Oswaldo, um dos monges do mosteiro, e disse:

– Esse cara deve passar a vida toda escrevendo!

Ao que ele respondeu:

– Não, ele reserva 20 minutos por dia para essa tarefa.

Aquilo foi um tapa na minha cara. É melhor 20 minutos por dia que oito horas no final de semana. Porque o princípio da produtividade é a consistência.

Todos esses exemplos são para dizer que ritual é algo que você faz com frequência – não é uma meta a ser alcançada. É algo que você faz com assiduidade e tem uma importância grande na busca de seu propósito da vida, a fim de satisfazer as questões da sua alma.

O ritual é, dessa forma, um fragmento que vai para o nível do inconsciente. Porque, como dissemos, 95% das coisas que fazemos é inconsciente.

Muitas pessoas cortam alimentos de sua dieta por duas semanas e mudam radicalmente de estilo de vida por um curto período de tempo, mas logo depois voltam ao que eram antes. Nada muda da noite para o dia.

Se você incorpora na sua rotina o ritual de ingerir dois litros de água por dia, dormir de seis a oito horas por noite, tomar café da manhã,

RITUAL É ALGO QUE VOCÊ FAZ COM FREQUÊNCIA – NÃO É UMA META A SER ALCANÇADA. É ALGO QUE VOCÊ FAZ COM ASSIDUIDADE E TEM UMA IMPORTÂNCIA GRANDE NA BUSCA DE SEU PROPÓSITO DA VIDA.

praticar 15 minutos de atividade física... são rituais físicos que já mudam muita coisa. Eu chamo isso de estilo de vida.

* * *

Existem cinco tipos de rituais, associados aos cinco tipos de energia que estudamos ao longo do livro: os rituais mentais, emocionais, espirituais, financeiros e físicos.

Para criar um ritual mental, você pode, por exemplo, ler todas as manhãs a sua Carta da Alma para o Ego (ver Capítulo 13), visualizar como quer que seja o seu dia, fazer algum ritual de gratidão.

No meu caso, todas as manhãs, logo que acordo, respiro fundo e visualizo meu dia. Fico pensando em como gostaria que ele transcorresse. E a profecia autorrealizável acontece. Se você pensa no que não quer, vai criando um ambiente negativo e, quando aquilo acontece, você confirma como sendo uma verdade. O ritual mental, assim, faz com que você mude a qualidade de seus pensamentos.

Já um ritual emocional, por exemplo, seria ligar todos os dias para seus familiares, para as pessoas de que gosta, conversar com as pessoas do trabalho e até fazer uma lista com os motivos para ser grato pelo dia – nesse caso, é bacana guardar esses motivos dentro de um pote e abri-lo no fim do ano, para termos acesso a todas as coisas pelas quais agradecemos ao longo de 12 meses. Gratidão é um ótimo exercício para a alma.

Outro ritual simples e bastante efetivo é, pela manhã, assim que acordar, fazer exercícios de respiração por cinco minutos. O poder da respiração é uma coisa incrível, faz com que a química do organismo mude. Você sente prazer e fica leve. Conforme você repete esse ritual, ele se torna uma competência inconsciente, ou seja, algo quase mecânico, que passa a fazer parte da sua vida.

Também aconselho desenvolver um ritual emocional para desacelerar a mente ao sair do trabalho, antes de chegar em casa. Você pode, por exemplo, fazer dez respirações profundas antes de entrar em casa, visualizar como gostaria que fosse a noite com a família, rever seu ikigai e lembrar quanto é importante estar presente. Isso pode ajuá-lo a levar paz para o ambiente. Além disso, me comprometo sempre a almoçar com amigos, a contar histórias para os filhos dormirem... Esses pequenos rituais, quando executados com frequência, dão outras cores para nossos pensamentos.

Um ritual espiritual seria ler sua missão todas as manhãs e refletir sobre seus valores. É perguntar a si mesmo: "Quanto honrei meus valores hoje?". É se conectar com algo divino, espiritual, em que você acredita. Pode ser dedicar alguns minutos do dia à meditação, frequentar espaços religiosos, fazer uma leitura espiritual, ou seja, tudo aquilo que te traga paz.

Já um ritual financeiro pode incluir: reservar, ao fim do dia, 10 minutos para analisar quanto gastou e como gastou; perguntar-se se novas compras são realmente necessárias; organizar as despesas semanais; administrar entradas e saídas de dinheiro etc.

Para criar um ritual físico, você deve lembrar que o corpo não tira férias. Muitas pessoas, que rotineiramente praticam atividades físicas, se esquecem de manter um ritual de se exercitar durante as férias. Em vez disso, optam por dormir mais, beber mais, comer mais. E, quando voltam ao seu dia a dia, o que acabaram criando? O ritual de não fazer atividade física. Uma dica: para iniciar, faça exercícios físicos três vezes por semana durante 15 minutos cada vez, beba dois litros de água por dia, durma entre 6 a 8 horas por noite, faça refeições diárias a cada três horas e tome café da manhã todas as manhãs.

Estabelecer um ritual envolve o mínimo de organização. Ele pode até não resolver todos os seus problemas, mas desenvolve o hábito, cria uma nova rotina. E, quando você começa a perceber o benefício desses novos hábitos, isso muda você. A simplicidade do ritual é poderosa.

Uma mudança de hábito gradativa gera benefícios. O poder do ritual está atrelado ao propósito, ao caminho para alcançar o destino.

ESTABELECER UM RITUAL ENVOLVE O MÍNIMO DE ORGANIZAÇÃO. ELE PODE ATÉ NÃO RESOLVER TODOS OS SEUS PROBLEMAS, MAS DESENVOLVE O HÁBITO, CRIA UMA NOVA ROTINA. E, QUANDO VOCÊ COMEÇA A PERCEBER O BENEFÍCIO DESSES NOVOS HÁBITOS, ISSO MUDA VOCÊ.

E, na minha vida, vou incluindo novos rituais à medida que vão surgindo coisas novas.

***

Apresento a seguir o chamado "Desafio dos 21 dias": ao longo desse tempo, convido você a incorporar alguns rituais em seu dia a dia. Abaixo faço apenas algumas sugestões, mas você pode criar os seus próprios rituais. Proponho que, no vigésimo segundo dia, me escreva para contar tudo que aconteceu em sua vida.

DESAFIO DOS 21 DIAS

Rituais para todos os dias

- Assim que acordar, respire fundo e, durante três minutos, visualize como gostaria que fosse o seu dia.
- Faça três afirmações positivas sobre si mesmo.
- Faça a meditação Detox: inspire pelo nariz contando mentalmente até três e expire pelo nariz contando mentalmente até seis. Repita esse processo por nove vezes.
- Leia a sua missão (de preferência, em voz alta).
- Escreva em um *post it* um motivo de gratidão pelo seu dia e guarde-o em um pote.
- Ligue pelo menos para um amigo.
- Ligue para seus pais/filhos/alguém especial da família e converse por 5 minutos.

Rituais para quando se sentir estressado

- Faça uma caminhada no parque.
- Sentado, de olhos fechados, faça exercícios de respiração bem profunda durante cinco minutos (é o princípio da meditação).
- Tenha pensamentos positivos.
- Finja entusiasmo e force uma boa gargalhada.
- Faça a meditação Detox (explicada na página ao lado).
- Escute uma boa música.
- Utilize o método das quatro perguntas: "Qual é o problema?"; "Quais são as causas?"; "Quais são as possíveis soluções?"; "Qual é a melhor solução?".
- Faça de um limão uma limonada e pense: "O que de pior pode acontecer?".
- Utilize perguntas para partir para ação: troque o "por quê" pelo "o quê".
- Fique na posição de poder por até dois minutos (chamada de posição Superman ou Mulher-Maravilha, é aquela em que você fica de pé, peito aberto, com as mãos na cintura, olhando firme para o horizonte).

Sugestões de filmes aos quais você pode assistir nesses 21 dias

- *Poder além da vida*
- *Duas vidas*
- *À procura da felicidade*
- *Um sonho possível*
- *Divertida Mente*
- *A vida é bela*
- *A corrente do bem*
- *Click*

- *Um homem de família*
- *Capitão Fantástico*

Ritual de reconhecimento

- Para cada avanço no seu desenvolvimento, comemore, se dê um presente que o faça se lembrar do seu esforço em ter alcançado a meta.

PARTE VI
VISÃO DE FUTURO INSPIRADORA

"O mundo afasta-se para deixar passar aquele
que sabe para onde vai." – *David Starr Jordan*

O QUE VOCÊ QUER SER QUANDO CRESCER?

15

> "Não é porque as coisas são difíceis que nós não ousamos,
> é porque não ousamos que elas se tornam difíceis."
>
> *Sêneca*

Todo mundo que conheço, quando criança, já olhou para alguém mais velho e disse: "Eu quero ser assim quando eu crescer". Na infância, geralmente sonhamos com uma série de coisas. Ficamos imaginando o dia que seremos grandes e realizaremos tudo aquilo que queríamos quando pequenos.

Mas em geral, quando crescemos, a persistência fica para trás. A vida vai carregando as pessoas para outros lugares, e de repente elas se percebem onde nunca imaginaram estar. E, quando percebem a força dos acontecimentos, não conseguem remar rumo ao lugar onde queriam estar.

Depois de adultos, todos nós devemos ter uma visão de futuro. Há quem não goste de pensar a longo prazo, mas saber aonde se quer chegar é fundamental para que se consiga de fato chegar aonde se quer. Ter uma visão de futuro é algo poderoso quando sabemos quem somos e do que somos capazes, e quando entendemos que só conseguiremos chegar aonde queremos se soubermos exatamente qual é esse lugar.

203

Assim como não dá para ligar o carro e sair sem direção quando você vai viajar num final de semana, na vida você precisa entender qual é o destino final. Ou, pelo menos, o lugar que povoa seus sonhos.

Qual o poder de uma visão? A visão de futuro acessa regiões no nosso cérebro que fazem com que aquela visão criada se torne realidade. Porque nosso cérebro não consegue diferenciar o que é mentira e o que é verdade.

A neurociência comprova que existe a chamada neuroplasticidade, que permite a criação de novos caminhos neurais. Essa plasticidade cerebral refere-se à capacidade do sistema nervoso de adaptar-se e ser treinado a novas condições, direcionando nossos pensamentos para a ativação de determinadas áreas do cérebro, produzindo novos comandos.

É muito difícil mudar ou eliminar um caminho neural, mas é fácil criar um novo e fortalecê-lo. É desse jeito que podemos reeducar o cérebro a enfraquecer e silenciar os caminhos neurais sabotadores e fortalecer os potencializadores. A motivação vem da própria mente; o cérebro pode ser modificado e moldado.

A mudança está em nossas mãos: se conseguirmos entender que o mundo é um espelho do que pensamos, do que projetamos e de tudo em que acreditamos, conseguiremos tirar proveito dessa adaptabilidade cerebral.

Ao contrário do que muitos acreditam, o cérebro é muito mais emocional do que racional, e a parte emocional do cérebro não trabalha com linguagens, mas com imagens que se tornam reais para ele; Uma vez construída uma imagem, ela se torna ao mesmo tempo uma lembrança, uma visão de futuro e uma verdade para o cérebro; ele não diferencia uma imagem criada de uma imagem real.

E todos temos a capacidade de construir uma imagem na mente. Aliás, nascemos com ela. Quando crianças, éramos mestres na arte da imaginação. Só que, quando crescemos, usamos essa mesma imaginação para criar cenários desastrosos na nossa vida. Ao invés de pensarmos em tudo aquilo que queremos para nós, pensamos em tudo que pode dar errado.

Na prática, toda imagem pode gerar um sentimento e uma emoção. Sendo assim, o que eu quero deixar claro é que uma visão bem estruturada daquilo que você quer para o futuro tem o poder de gerar emoções e se conectar com você de forma que o leva a ter comportamentos coerentes com essa visão.

Em outras palavras: uma visão hipotética de resultados, um cenário imaginado e visualizado, pode gerar ações e comportamentos em todos os contextos da vida. Porque, se eu visualizo algo, de repente me percebo tendo aquilo. E isso já aconteceu comigo inúmeras vezes.

Alguns anos atrás, escrevi uma carta a mim mesmo imaginando como eu estaria no futuro. A carta, assinada por mim, teve um efeito poderoso. Quando li, depois de anos, não podia acreditar no que meus olhos estavam vendo. Minha visão do passado havia se tornado real.

Eu, um cara sedentário, falido, com um casamento fracassado, tinha me tornado um esportista, com uma empresa sólida, vivenciando minha melhor versão na vida profissional e financeira, com um casamento feliz.

Escrever este livro também foi um dos pontos que eu tinha visualizado naquela carta. E os efeitos em nossa mente são tão poderosos que uma visão nunca fica só no papel. Se já fizemos o exercício de contar nossa história, estruturá-la, reconhecer nossos valores, modelos mentais e intenções, o que devemos fazer daqui em diante é escrever nossa visão de futuro. Dessa forma, começamos a viver uma vida intencional, buscando realizar aquilo a que nos propomos.

Ter uma visão de futuro faz com que você não aceite menos do que merece. Ter uma visão de futuro faz com que você imagine onde quer estar e use todas as suas forças conscientes e inconscientes para chegar lá.

Começamos a viver uma vida intencional. Isso é extremamente poderoso, porque as visualizações têm poder de realização.

Tudo que aconteceu na minha vida foi por causa do poder da visão. Parece até que o universo conspira a nosso favor. E conspira mesmo. É

TER UMA VISÃO DE FUTURO FAZ COM QUE VOCÊ NÃO ACEITE MENOS DO QUE MERECE. TER UMA VISÃO DE FUTURO FAZ COM QUE VOCÊ IMAGINE ONDE QUER ESTAR E USE TODAS AS SUAS FORÇAS CONSCIENTES E INCONSCIENTES PARA CHEGAR LÁ.

a questão da atração – ao invés de você ir ao objetivo, o objetivo vem até você. Entramos em meio a um processo em que agimos e atraímos o que queremos, sem precisar fazer muito esforço.

A ideia de fazer essa projeção é estar em sintonia com o que queremos. Se visualizamos o que imaginamos, tudo o que nos empurra para longe daquilo fica fora de cogitação.

Hoje, aconselho a estabelecer projetos para até cinco anos. Se estamos em 3 de novembro de 2018, a carta que vamos escrever será para daqui cinco anos. Ou seja, escreva como se você estivesse cinco anos à frente, no futuro. Seria mais ou menos assim:

Hoje é 3 de novembro de 2023

Há cinco anos eu estava... [e então você descreve o que está fazendo agora. Lendo este livro, por exemplo]. Eu não imaginava que conseguiria tal resultado. O projeto tomou uma dimensão inacreditável e em [colocar data] aconteceu [inserir objetivos]

Os participantes dos treinamentos que realizo trabalham essa visão de futuro nas cinco dimensões de energia. Eu sempre provoco: "Qual é seu grande sonho? Coloque-o no papel agora!".

O feedback, ao ler a carta no futuro, é sempre positivo: "Cinco anos depois, consegui melhorar minha saúde. Emagreci 15 quilos. Foi difícil. Comecei a correr alguns quilômetros por semana. Também comecei a estudar inglês e hoje falo fluentemente. Percebi também que poderia estar mais próximo de minha família. Não que eu tenha reduzido a carga de trabalho, mas fui eficiente, trabalhando com muito mais foco, porque sabia o que eu queria, o que era importante para mim. Reduzi muito o trabalho aos finais de semana, então comecei a me conectar mais com minha família".

Percebe como a visão de futuro é uma maneira diferente de deixar sua vida do jeito que você quer? Não é só dizer "eu quero isso e quero aquilo". Você projeta seu futuro de maneira concreta, e com isso tudo fica mais verdadeiro.

Nesta carta de intenção para meu futuro, não coloco só o que eu quero alcançar. Insiro também estratégias, desafios e os obstáculos que possivelmente surgirão – e como devo superá-los. Eu me planejo para que, quando aquilo acontecer, eu esteja preparado. E com isso o caminho para alcançar meus objetivos se torna inspirador. Posso emoldurar essa carta, pendurar na parede e ler uma vez por semana, para que esse conteúdo seja internalizado. Isso é uma visão de futuro.

Não sei se você já se deu conta, mas o ato de escrever tem muito poder. Aquilo que colocamos no papel tem um alto potencial para se realizar.

* * *

Se você chegou até este ponto do livro, fazendo todos os exercícios, já está mais consciente de seus maiores desafios em todas as energias, de seus gatilhos emocionais, de seu ikigai, e agora a visualização disso tudo te ajudará a alcançar mais facilmente seus objetivos. Por isso, visualize todos os dias sua ideia de futuro.

Outra estratégia potente seria pegar essa carta e criar um mural ou um painel das realizações. Insira nesse mural imagens, fotos e outras referências visuais que te remetam a sua visualização. É importante colocar nesse mural coisas mensuráveis, concretas em todos os níveis: financeiro, físico e emocional. Podemos fazer as duas coisas, tanto escrever a carta como confeccionar um mural, as duas são igualmente poderosas.

"Consigo me alimentar de maneira mais regrada, durmo com mais qualidade, faço exercícios de respiração uma vez por dia, faço mentalização, viajo com minha família, leio um livro por mês." Tudo isso faz parte da visão de futuro. E, para conseguir enfrentar o dia a dia e os desafios que surgirem, é só tomar uma injeção de entusiasmo.

16

A MECÂNICA DO ENTUSIASMO

> "Cada momento grandioso nos anais do mundo
> é o triunfo de algum entusiasmo."
>
> *Ralph Waldo Emerson*

Algumas pessoas confundem *entusiasmo* com *otimismo*. Como se estar entusiasmado fosse simplesmente estar feliz, com um sorriso enorme pregado no rosto.

Na verdade, entusiasmo não tem nada a ver com otimismo. Entusiasmo é o que o move a fazer as coisas mais difíceis ou simplesmente superar aqueles pequenos obstáculos que ficam entre você e sua visão de futuro. É algo que vem de dentro.

Para fazer as coisas que gostamos de fazer, geralmente estamos entusiasmados. Não encontramos dificuldade para praticar exercícios se gostamos de fazer atividade física, mas, se não gostamos, precisamos buscar dentro de nós algo que nos motive a continuar. Quando passamos a ter entusiasmo pelas etapas do processo que nos conduzem ao nosso destino, tudo fica diferente.

Uma pessoa com entusiasmo quebra qualquer barreira. Você já viu um atleta de alta performance entrando em cena, cheio de entusiasmo para vencer? Geralmente ele tem a visualização do pódio e carrega consigo um entusiasmo que o move a conquistar aquele objetivo final.

Se ele está assim, não fica vulnerável ao ambiente. Imagine só um atacante que joga no estádio do adversário e só recebe vaias. Se ele estiver sem entusiasmo e for influenciado pelo ambiente, na primeira vaia, ou ao ouvir a torcida clamando o nome do rival, vai ter sua performance abalada.

Quando estamos entusiasmados, essa energia vem de dentro, e não precisamos da motivação de fora. Aliás, quem já não esteve em treinamentos motivacionais e saiu acreditando que estava pronto para encarar a vida, só que nem bem chegou em casa já estava de volta ao estado normal?

Pois é. Motivação vem de fora, entusiasmo vem de dentro. E, se temos um motivo interno para partirmos para a ação, não precisamos de uma torcida batendo palmas para nós.

O motivo está conosco. Independentemente do ambiente, sabemos o que queremos.

Quando estamos protelando algo ou empurrando com a barriga, precisamos colocar uma carga de entusiasmo dez vezes maior para alcançar nosso objetivo.

É preciso pensar no quanto aquilo pode ser importante, quem vai se beneficiar com isso, então naturalmente ficamos entusiasmados pela vida. Só que muitos têm a visão de futuro e ainda assim procrastinam, adiando as ações que sabem que os farão chegar aonde querem.

Vamos combinar que é preciso entusiasmo para colocar certas coisas em prática! Viver entusiasticamente é colocar energia naquilo que você, em um primeiro momento, não consegue fazer. Esse é o conceito. Entusiasmo é ação, é fazer você se mover. Quando quero desenvolver algo em minha vida, trabalho pensando sempre em três elementos: fisiologia, linguagem e foco. Quando trabalho meu corpo fisicamente, fico mais forte para encarar as questões que estão pendentes. E, quando estamos energizados e entusiasmados *física* e também *mentalmente*, apresentamos resultados muito melhores.

MOTIVAÇÃO VEM DE FORA, ENTUSIASMO VEM DE DENTRO.

Mas como fazer isso?

Quando acordamos de manhã e nutrimos bons pensamentos. Quando sabemos o que vamos fazer e acreditamos no nosso potencial porque enxergamos nosso trabalho como coerente com nossos valores. Quando somos apaixonados pelo que fazemos.

Se vemos os bebês acordando, percebemos que naturalmente eles se levantam, bocejam e espreguiçam. Eles se alongam e acordam naturalmente. Como as pessoas saem da cama hoje? Levantam de um pulo só. Nem bem sentem o corpo e já saem correndo para as atividades do dia.

Seu dia começa assim que você desperta. E esse despertar não pode ser negligenciado, porque muitas vezes é a partir dele que pautamos nossa vida.

Assim, não podemos negligenciar nosso corpo e acreditar que uma coisa age separada da outra. Existe o pensamento, comandado pela mente, que proporciona bem-estar, mas fisiologicamente devemos estar bem. E, para isso, é necessário criar mecanismos para que o corpo colabore com nosso bem-estar e com a geração de entusiasmo. Não é apenas através da mente que conseguimos nos motivar. Quando peço para algumas pessoas se levantarem durante um treinamento, cantarem junto ou se movimentarem, estou ajudando-as a desenvolver uma comunicação corporal melhor com o mundo.

Se você é uma pessoa que não se movimenta, não bebe água, come de maneira errada e está 100% focado no trabalho, mais cedo ou mais tarde seu corpo vai pedir ajuda. De repente, você fica gripado, sem energia, ou uma doença o impede de sair da cama. É como nosso corpo reage à falta de energia. Ele fica completamente vazio.

Se queremos entusiasmo, temos que estar com a roda da vida girando, abastecidos em todas as áreas, para conseguirmos gerar energia suficiente e redirecioná-la para onde está enfraquecido. Não adianta querer tirar energia de onde não tem, que é o que muitos fazem, deixando um espaço ainda mais vazio. Se o entusiasmo é uma energia

212 #ATITUDE QUE TE MOVE

potencializadora, ele não nasce ao acaso. Precisamos criar, dentro de nós, um ambiente para que ele consiga florescer.

Quando firmamos um compromisso com nosso futuro, fica mais fácil nos engajarmos no nosso propósito e gerar entusiasmo, sem que nada nos desvie. É com esse desejo ardente de prosseguir que criamos uma base sólida para o entusiasmo.

Também precisamos ficar atentos às afirmações que fazemos para nós mesmos. Elas podem nos destruir ou nos levar adiante. Mas, com *foco*, as atividades ficam mais fáceis de serem executadas. Se você já bateu um papo consigo mesmo, está focado no seu futuro e sabe o que quer realizar, consegue entender de que tipo de energia precisa para colocar em andamento as atividades mais importantes para você.

Quando nos conectamos com pessoas com um propósito seme-lhante ao nosso, também favorecemos uma troca que nos impulsiona. Para esse tipo de entusiasmo, Napoleon Hill diz que existe uma "cha-ve-mestra", que é criada quando duas mentes se unem em um objetivo comum. E aquilo se potencializa e faz com que alcancemos outro pa-tamar, que talvez não conseguíssemos atingir sozinhos.

A troca sempre nos favorece. A partir de então, agimos. Porque a ação atrelada às metas faz com que possamos nos movimentar de ma-neira mais assertiva. Se estou estrategicamente envolvido com minha visão de futuro, todas as minhas ações me movimentarão em direção a meu objetivo. Se tenho a meta de emagrecer, por exemplo, tenho que trabalhar em termos de fisiologia, linguagem e foco. Preciso saber o que eu quero e o que vou fazer, para ajustar os ponteiros dos hábitos e deixá-los coerentes com meus valores e crenças.

O que me motiva a fazer isso? É essa a pergunta que devo fazer quando estou diante de um desafio de grande porte, quando me sinto tentado a comer aquela barra de chocolate, mas prometi a mim mesmo que estarei em forma para o verão. É essa a pergunta-chave que vai fazer com que olhemos para nosso objetivo e nossa visão de futuro e possamos entender o que vale a pena – os prazeres momentâneos ou a privação de algo que nos levará a uma mudança de hábito que impulsionará nossa vida para um outro nível.

Se estiver difícil resistir, renove seu entusiasmo. É importante investir uma dose extra de entusiasmo justamente nos momentos mais difíceis. E, nesse ponto, o círculo de pessoas com quem você convive é de grande importância. Não precisa se afastar da família nem deixar de lado os amigos de toda uma vida, mas é necessário saber filtrar aquilo que você quer deixar entrar na sua mente e que vai te afetar. Por exemplo, se você está comprometido com um novo estilo de vida e quer se empenhar em não beber ou comer em excesso, mas tem um grupo de amigos que faz churrasco com cerveja todo final de semana, aquele grupo pode ter a força de te puxar para aquilo que você quer evitar. Ao mesmo tempo, se está dedicado a escrever um livro ou criar um projeto, precisa se esforçar. Então, passar o final de semana com pessoas comprometidas com o seriado novo ou com a piscina do clube vai provavelmente dispersá-lo do seu objetivo.

É preciso entender que o círculo de convivência é importante para que possamos manter o entusiasmo naquilo em que acreditamos, e que isso fica mais difícil se convivermos com grupo negativo e pessimista, que prefere encontrar um problema para cada solução.

Embora o ambiente tenha poucas chances de contaminá-lo se você já estiver engajado com seu propósito, a tendência é que, cada vez mais, você encontre sua tribo, com os mesmos valores, e que essa tribo ajude-o a manter-se entusiasmado a seguir adiante.

Quando eu estava completamente fora de forma e sem energia, me envolvi com pessoas que faziam atividade física e me tornei maratonista. Hoje, essas pessoas que têm os mesmos propósitos que eu – financeira, mental, física e espiritualmente – fazem parte do meu grupo de amigos. Inevitavelmente, acabamos atraindo pessoas que comungam dos mesmos ideais.

É IMPORTANTE INVESTIR UMA DOSE EXTRA DE ENTUSIASMO JUSTAMENTE NOS MOMENTOS MAIS DIFÍCEIS. E, NESSE PONTO, O CÍRCULO DE PESSOAS COM QUEM VOCÊ CONVIVE É DE GRANDE IMPORTÂNCIA.

***

Agora, ao término da leitura deste livro, temos todos os ingredientes em mãos para realizar uma revolução em nossa vida. E eu me comprometi a transmitir tudo que fez com que eu chegasse aonde cheguei, tendo como ponto de partida a ausência total de expectativas, para mostrar que é possível reequilibrar todas as áreas da vida, mesmo quando se está no fundo do poço.

A seguir, listo algumas dicas para você se manter alinhado ao seu propósito, renovando sempre a sua dose de entusiasmo:

- **Buscar ambientes que nutrem você**
  A busca de ambientes que te nutrem e te ajudam a seguir um propósito pode fortalecer sua caminhada. Outro dia estava conversando com um jovem, que é um excelente profissional, mas não está focado no trabalho como deveria e ultimamente tem estado com menos disposição para tudo.

  Detectando o estilo de vida atual dele, que inclui festas e noitadas, percebi que, se mantiver esse estilo de vida, não vai ter disposição mental e física para o trabalho, nem para praticar esportes, por exemplo. O tipo de ambiente que ele frequenta não o nutre. Pelo contrário: suga sua energia.

  Reveja todos os lugares que anda frequentando. Passe um pente fino e busque apenas o que te nutre emocional, física e energeticamente. Porque, quando estamos dispersos, o preço que pagamos é muito grande.

- **Construir mais pensamentos positivos em relação à vida, em relação a você mesmo e em relação ao outro**
  Não se trata de ter uma visão distorcida sobre o que está acontecendo com o mundo, mas sim ter esperança e ser parte disso. É saber se posicionar diante de uma injustiça, criar uma nova realidade, ser exemplo.

Se construímos mais pensamentos positivos em relação à vida, ao outro e a nós mesmos, temos mais esperança e somos parte daquilo que queremos construir. É como aquela famosa expressão: "olhar o copo cheio em algumas situações". Todo mundo fala do Brasil, do "brasileiro", e nos esquecemos de que fazemos parte disso. Somos parte da população e, por isso, precisamos ser um canal de ajuda a nós mesmos.

- **Estar disposto a colaborar**

É legal criar ambientes colaborativos. Eles nos nutrem de alegria, porque podemos exercitar o músculo da generosidade. Somos maiores quando contribuímos com o outro, e a energia da contribuição é extremamente positiva e benéfica. Fazemos parte do mundo, sentimos que estamos movendo as pessoas para alguma direção, e isso nos faz sentir conectados com nós mesmos. Contribuir dá sentido à vida.

- **Surpreender as pessoas com momento mágico**

Outro dia fui dar uma palestra e a recepcionista do local do evento me recebeu de forma incrível. Fiquei encantado e elogiei a atitude dela, dizendo que ela tinha me motivado.

Os olhos dela ficaram marejados. Acostumada a ouvir críticas e reclamações dos clientes, ela sentiu como era importante receber um feedback positivo pelo seu trabalho.

Não sabemos, mas imagine quantas pessoas ao seu redor estão sentindo que não são boas o suficiente. Será que podemos contribuir para que elas se sintam mais motivadas? Será que podemos criar momentos mágicos, com elogios sinceros e honestos que possam fazer o dia delas melhor?

Que tal hoje colocar na sua agenda "fazer um elogio"? Elogie, ajude, acolha, faça algo que esteja ao seu alcance. Contamine as pessoas positivamente.

- **Terminar tudo o que começa e não procrastinar**

É um princípio simples – e pode ser uma coisa simples –, mas faz muita diferença em nossa vida. Começar e finalizar algo faz com que não existam buracos de energia. E esses buracos aparecem quando pensamos naquilo que ficou inacabado.

"Ah, tenho que responder tal e-mail." Se isso fica na sua cabeça, você perde energia. E, sem energia, não há entusiasmo que sobreviva.

- **Colocar a melhor roupa e se vestir do jeito que o faça se sentir o melhor possível**

Sabe aquela coisa de guardar determinada peça de roupa para uma ocasião especial? Esqueça isso: a ocasião especial já existe e ela é agora. Faça bem para você e sinta-se bem naquilo que escolher para vestir.

- **Encontrar mentores para áreas de sua vida que precisem de melhorias**

Desde que comecei minha jornada de autoconhecimento, busco mentores em diferentes áreas da vida. Sinto que, quando me espelho em alguém, crio uma relação de confiança com a pessoa que me inspira, e assim sou motivado a dar o meu melhor.

A convivência com alguém que é melhor que você em determinada habilidade é bastante produtiva e deve fazer parte da jornada de autodesenvolvimento. Pode ser um mentor físico se você precisa de ajuda na parte de saúde. Um mentor financeiro se você precisa de auxílio na área das finanças. Um mentor espiritual caso precise equilibrar essa área da sua vida. Não importa. Se uma pessoa é boa em alguma área que você deseja melhorar, invista seu tempo ao lado dela e estabeleça uma relação de convivência como ritual. Converse com ela, divida seu objetivo e peça ajuda. Quando as pessoas percebem que existe uma relação de responsabilidade, elas se doam mais.

A CONVIVÊNCIA COM ALGUÉM QUE É MELHOR QUE VOCÊ EM DETERMINADA HABILIDADE É BASTANTE PRODUTIVA E DEVE FAZER PARTE DA JORNADA DE AUTODESENVOLVIMENTO.

Sempre peça feedbacks em relação ao que você quer desenvolver. Eu, por exemplo, tenho um mentor que me orienta nos treinos de crossfit, tenho uma mentora em medicina esportiva, tenho um mentor de tecnologia que me provoca trazendo as novidades do mundo digital, tenho um mentor espiritual que me faz encontrar minha alma. São pessoas que admiro, e é importante compreender o que as faz ser assim.

FINAL

De todas as maratonas que corri, a maratona da vida foi a que mais exigiu de mim.

Em ambas – tanto na maratona esportiva como na da vida – tive vontade de desistir várias vezes. Em certos momentos, dizia para mim mesmo quanto era legal aquilo que eu estava fazendo. Orgulhoso, no começo ainda não sabia se estava fazendo por mim ou apenas para mostrar que era capaz.

Durante os 42 quilômetros de uma maratona, a mente percorre toda a sua trajetória de vida, ao longo de quatro horas que parecem intermináveis. A sensação de tempo nos traz presença e nos mostra quanto o corpo é como uma máquina, que quando domina suas funções faz aquilo que a mente pede para fazer.

Tanto para correr a maratona quanto para viver, é necessário dominar a mente e organizar aquilo que está desorganizado internamente.

Às vezes, na vida, nos conectamos com a dor. A mesma dor fatigante que o músculo apresenta durante a corrida. Se não conseguimos ter o foco e o objetivo para chegar no final, essa dor nos vence.

Em outros momentos, somos tomados pela a sensação de prazer. É quando podemos até perder o domínio da mente, que fica inebriada pela descarga de hormônios. Na vida, também é preciso ter cuidado com isso, porque pode nos confundir.

Enquanto corria, imaginava que estava ali por algum motivo. Servir de exemplo? Para quem? Só quando percebi que aquele era um exercício de superação comigo mesmo, entendi que era hora de seguir adiante. Sem que a dor me brecasse ou que o prazer me confundisse.

Quando terminei, percebi que o grande legado que a maratona tinha deixado era que eu não tinha desistido de mim mesmo. Havia passado por dificuldades de todos os tipos, e por muitas vezes focara exclusivamente nos outros, me esquecendo de mim mesmo. Agora, finalmente, estava contribuindo comigo mesmo. É como o clichê de avião: "Senhoras e senhores passageiros, em caso de despressurização da cabine, máscaras cairão automaticamente a sua frente. Coloque primeiro a sua e só então auxilie quem estiver a seu lado".

Se você não estiver bem, não poderá ajudar nem a si mesmo nem aos outros. Quando nos colocamos em primeiro lugar, cuidando de nós mesmos sempre antes de tentar ajudar o mundo, ficamos bem. E damos aquilo que temos de melhor para as pessoas ao nosso redor.

Não desista de você. Eu já tive vontade de desistir, várias vezes. Até mesmo para escrever este livro: procrastinei durante 15 anos, porque não me sentia preparado. Sempre pensava que poderia contribuir com algo a mais.

Hoje percebo que só consegui transmitir minhas ideias porque estava com a vida plena, conectado com as cinco energias em abundância e em equilíbrio, tendo a vida que sempre sonhei, mesmo depois de tantos altos e baixos. E consegui entender que existem momentos felizes e tristes em nossa vida, mas que todos eles passam, deixando um espaço para o aprendizado e para a jornada.

Nessa trajetória, sempre acreditei. Talvez seja essa a diferença entre uma pessoa que realiza algo e uma que não realiza. A fome e a vontade de fazer algo vem de uma necessidade muito grande de alcançar um objetivo e realizar um sonho.

Meu papel hoje, como líder e empresário, é ter experiências com as pessoas, independentemente da crença dos outros. Acolher e interpretar

SE VOCÊ NÃO ESTIVER BEM, NÃO PODERÁ AJUDAR NEM A SI MESMO NEM AOS OUTROS. QUANDO NOS COLOCAMOS EM PRIMEIRO LUGAR, CUIDANDO DE NÓS MESMOS SEMPRE ANTES DE TENTAR AJUDAR O MUNDO, FICAMOS BEM. E DAMOS AQUILO QUE TEMOS DE MELHOR PARA AS PESSOAS AO NOSSO REDOR.

o outro com o olhar, entendendo que todos podemos pensar em desistir, mas que cada um tem seu caminho. Esse entendimento é importante não só para respeitar a individualidade de cada um, como para perceber que somos parte de uma teia, que, conectada, pode ir muito mais longe.

Só que, por mais que a gente queira ir adiante, tem hora que a vida pede para nos auto-observarmos. E precisamos parar para ouvir esses chamados internos, porque ficar refém da própria teimosia em ir adiante em algo também pode ser um grande equívoco.

Eu mesmo já o cometi. Houve uma época em que estava levando a vida com todos os compromissos que poderia agendar dentro de um curto espaço de tempo. Assim, não tinha tempo de parar e contemplar ou simplesmente entender o que eu estava fazendo. Certa vez, atrasado para uma palestra no interior de São Paulo, fui pular dentro de um carrinho de golfe como se eu fosse aquele velho e bom Homem de Ferro que tinha deixado para trás. Me achava invencível, imbatível. Só que todos temos nosso calcanhar de Aquiles. E o meu foi não me dar conta da hora de diminuir o ritmo. Estourei o joelho, fiz a palestra com muita dor, e nos dias seguintes, mesmo com o osso quebrado, insisti em continuar firme nos treinos de corrida, imaginando que eu era invencível.

Quando não nos damos conta de que está na hora de diminuir o passo, a vida dá um jeito de nos fazer parar de outra forma. E foi o que aconteceu. Tive que operar e, dessa forma, fui obrigado a ficar 20 dias parado.

Então me vi em casa, sem saber o que fazer. Primeiro pensei em aprender a mexer num aplicativo de apresentações – já que eu vivia fazendo palestras. Eu precisava criar uma meta. Foi assim que, brincando, deixei minha mente agir. Que apresentação eu gostaria de criar? O que eu gostaria de fazer, como negócio, e que também traria um impacto na minha vida e na de meus liderados?

Imaginando algo ligado à saúde, logo me veio a ideia de uma academia de crossfit. Já fazia um tempo que eu olhava para aquele negócio, como atleta. Era algo que poderia dar um retorno e estava relacionado a coisas de que eu gostava, como performance e atividade física não convencional.

Montei um plano, fiz um estudo de viabilidade financeira e comentei com um amigo meu, o Paulo Henrique, que é padrinho da minha filha e dono de uma rede de estacionamentos. Ele tinha sido meu cliente de coaching. Por coincidência, ele possuía um espaço incrível disponível, em uma área nobre de São Paulo.

Convidei-o para ser meu sócio, mesmo porque queria ele perto de mim, pela energia e conhecimento que ele traria para o negócio. Estava convicto de que daria certo e percebi quanto aquela oportunidade só tinha sido possível porque, em determinado momento, eu tinha sido obrigado a parar, tirar o foco do que estava fazendo e deixar a mente criar novas coisas.

De muletas, comecei a visitar o espaço na companhia de um engenheiro. Em pouco tempo, o plano de negócios estava pronto. Mas precisávamos do principal, o head coach. Teria que ser um educador físico muito bom tecnicamente, mas que, além disso, fosse alguém que tivesse o desejo de fazer a diferença na vida das pessoas através da atividade física, que ajudasse os outros, que funcionasse como um ídolo. Eu sabia que se encontrássemos um profissional sério, não haveria a possibilidade de lesões e uma comunidade de pessoas seria formada.

Pensei imediatamente no Welington, mais conhecido como Dread, uma figura conhecida na área. Mas eu tentava ligar para ele e as chamadas nunca eram atendidas. Então pedi ajuda ao meu outro sócio, o Rubens:

– Você, que está mais conectado com ele, tente encontrá-lo e convencê-lo.

E o Rubão, como eu o chamo até hoje, conseguiu falar com ele e marcar uma reunião. Quando ficamos frente a frente e conversamos um pouco, percebi nos olhos de Dread o medo. Logo me dei conta de que, no sistema de crenças dele, ele achava que os empresários sempre passavam as outras pessoas para trás. Ele precisava voltar a acreditar nas pessoas. Na época, Dread estava se separando e tinha um perfil comportamental considerado agressivo, porque era muito direto. No meio do processo, algumas pessoas pensaram em desistir dele. Mas eu não queria desistir.

Definimos os valores e a missão do box de crossfit, o papel de cada um e a visão de futuro. O lema de nosso negócio seria: "Promover saúde e qualidade de vida, de uma forma descontraída e eficiente, unindo pessoas". Para que isso fosse possível, precisava que ele estivesse realmente engajado em liderar aquela equipe. Pensei que, se ele participasse do meu treinamento Líder do Futuro, poderia dar a si mesmo uma nova chance.

Para a surpresa de todos, ele topou fazer o treinamento e saiu de lá transformado: perdeu o medo que se escondia atrás da insegurança em se afirmar o tempo todo. Atuei como mentor dele. E ele começou a se relacionar com as pessoas de outra forma. Nesse processo de desenvolvimento, não desistimos dele. Eu sabia que ele mudaria. Pelo amor, pela confiança.

Em determinado momento, ele começou a namorar a Paulinha, outra sócia que era ginasta e trazia a arte para dentro da academia. Eles perceberam afinidades, e em questão de meses resolveram se casar. Fiquei surpreso, porque, antes daquela transformação toda, muitas vezes eu era o intermediário entre os dois. Ela, sutil e delicada. Ele, o próprio Shrek.

Então, veio o convite: os dois queriam que eu celebrasse a cerimônia. Eu, que não era nenhum tipo de líder espiritual, recusei. Não poderia fazer aquele papel. Ele me convenceu. Disse que, de certa forma, eu havia unido os dois, então, que os unisse de fato.

Ao longo da preparação para a cerimônia, me percebi não como um santo casamenteiro, nem como um contador de histórias. Enquanto imaginava como montar o roteiro daquela celebração, que seria uma bênção a duas almas que tinham escolhido uma à outra para se unirem, entendi que ao longo da minha carreira aprendi a ser, antes de tudo, um bom ouvinte, um observador da vida alheia e aquele que faz as perguntas que provocam mudanças.

Entendi, assistindo a um casamento celebrado pelo Reverendo Aldo (grande figura religiosa que celebrou e abençoou as uniões na família de minha esposa), que ninguém é dono de ideia alguma ou de qualquer título. Somos todos parte de uma teia imensa. E se era inédito que eu celebrasse um ritual, que o inédito não existisse mais na minha vida por causa de rótulos que ainda poderiam criar crenças a respeito de coisas que não tinham qualquer fundamento.

Querer ser autêntico não tem a ver com ser único e especial. Ser autêntico é exatamente o que o Dread fez, celebrando sua união no terraço do box de crossfit, enquanto eu coordenava a celebração.

Foi assim que aprendi que, se temos relação com o ser e com o "para com o outro", aprendemos todos os dias, com todos que nos cercam. E, dessa forma, abraçamos nossos talentos. Porque cada um deles é parte integrante de nós.

Aquele santo casamenteiro não era meu lado B. Era um pedaço de mim, e de todos que tinham feito parte da minha trajetória. Eu estava unindo quem tinha confiado em mim e dividido comigo suas dores. Se eu sabia falar de amor, eu sabia me afastar do ego quando ele era um péssimo condutor para minhas ações.

Colocando um ponto final neste livro, na minha sala, me vi diante da frase de Jack Welch que resume toda a minha trajetória: "Antes de você se tornar um líder, o sucesso está no seu crescimento. Quando você se torna um líder, o sucesso está em ajudar os outros a crescer".

Naquele altar improvisado, diante de dois sócios com os quais tinha uma relação de desenvolvimento mútua, ressignifiquei aquela frase. O sucesso não está só em ajudar os outros a crescer. O sucesso está, acima de tudo, em ajudar os outros a se amar. Porque, se amamos indiscriminadamente, conseguimos ajudar a crescer, conseguimos crescer e chegar ao fim da maratona, mesmo sentindo dor,

FINAL **227**

sem desistir, transformando cada gota de suor em algo que valeu a pena. Transformando cada momento num fragmento da história que vai ser contada a nossos filhos, do que fizemos de bom e do que deixaremos quando partirmos.

Pense nisso.

CAPÍTULO BÔNUS

Se hoje eu fosse deixar um legado para meus filhos, sei que este livro atenderia esse propósito em todos os aspectos. Enxergo cada página como uma vitamina para que eles possam se aperfeiçoar e melhorar suas energias financeira, emocional, espiritual, mental e física.

Hoje, tudo que faço está relacionado a eles e sei quanto minha vida os inspira. Fico emocionado ao saber que eles estão buscando ser melhores em suas trajetórias. Pensando nisso, convido você a repensar seus hábitos e buscar motivos para ser uma pessoa melhor em sua vida.

Ao longo dos anos, não foi só comigo nem com meus clientes que testei tudo isso que reuni neste livro. Foi com várias pessoas. Nós construímos nossas relações. E escolhemos as pessoas para estarem conosco em cada momento de nossa vida. As relações transcendem o aspecto profissional quando nos conectamos verdadeiramente com nossa essência e com aqueles que nos rodeiam.

Acredito na mudança estrutural do ser humano. Acredito que todos somos capazes de mudar em cada aspecto e melhorar a nós mesmos, nos desenvolvendo a cada dia. Quando dá o clique, o insight da mudança, existe uma transformação estrutural em todos os aspectos de nossa vida, e cresce dentro de nós uma certeza.

A energia que doamos para o mundo recebemos de volta. Despertamos o gatilho positivo em nós e nas pessoas todos os dias.

ACREDITO NA MUDANÇA
ESTRUTURAL DO SER HUMANO.
ACREDITO QUE TODOS SOMOS
CAPAZES DE MUDAR EM
CADA ASPECTO E MELHORAR
A NÓS MESMOS, NOS
DESENVOLVENDO A CADA DIA.

Quando acordo de manhã e vou à geladeira, vejo minha missão estampada na porta e penso em ser uma pessoa melhor. E convido você a pensar nisso todos os dias.

Para finalizar, vou contar a história da Daniele Amatti, a quem carinhosamente chamo de Dani. Quando nos conhecemos, num dos treinamentos que ministrei, ela era professora de uma escola pública, mas, depois de se desenvolver, quis dar treinamentos.

Dani mudou seu *mindset*, sua atitude mental: de uma pessoa que ocupava um cargo simples na Crescimentum – depois que se exonerou de seu cargo na escola pública –, tornou-se uma das melhores trainers da empresa, com uma trajetória brilhante. Era um sucesso total nos treinamentos e palestras, as melhores avaliações eram sempre sobre ela. E eu a admirava.

Em algum momento, porém, ela ficou incomodada com todas as viagens que tinha que fazer e quis integrar o time administrativo da Crescimentum. Assim, sugerimos que trabalhasse na área comercial. Ela ficou surpresa e disse que não saberia vender.

Eu disse que era só se relacionar e fazer perguntas. O resultado foi que, desde que ela entrou na área comercial, passou a ser responsável por 60% dos resultados. Ela se conecta com todos os clientes e sabe fazer as coisas com profundidade.

Isso é um exemplo de mudança estrutural, comportamental e de carreira, que ela obteve ao seguir os passos corretos, mudar a si mesma e entender o que estava faltando em sua vida e como poderia fazer as transformações. A Dani é o exemplo vivo de tudo que escrevi aqui neste livro: ela assistiu ao primeiro treinamento que dei na vida e me acompanha até hoje, com a mais profunda amizade e lealdade.

São essas histórias, como a da Dani, que me alimentam a seguir adiante. E, no próximo livro, quero ter a honra de contar a sua.

Vamos criar uma comunidade de troca, gerando uma corrente do bem, de forma a impactar um número cada vez maior de pessoas e gerar contribuição. Porque todos podemos viver num alto nível de energia. Esse comprometimento pode e deve ser seu combustível para viver.

Acesse minha página no Facebook (/pauloalvarenga.pa) ou meu Instagram (@paulo_alvarenga) e compartilhe os resultados de todos os testes que fez ao longo do livro – ou conte como novas atitudes e crenças em sua vida o fizeram se desenvolver em busca do seu propósito. Espero você lá!